世界NO.1カリスマコーチ
アンソニー・ロビンズの

運命を動かす

Awaken the Giant Within

アンソニー・ロビンズ
本田 健
訳・解説

三笠書房

□訳者のことば

世界で最も影響力のあるカリスマコーチが教える

自分の運命を動かす極意

本田 健

私の本棚には、一冊の思い出深い本があります。

アンソニー・ロビンズの *AWAKEN THE GIANT WITHIN*、つまり本書の原書です。

ロビンズは、各界の錚々《そうそう》たる一流人たちがクライアントとして名を連ねる、文字通り世界で最も影響力のあるカリスマコーチとして、その名を轟《とどろ》かせています。

著作は世界で累計三千五百万部の売り上げを誇り、中でも本書はロビンズの不朽の代表作として、「人生をいかに生きるか」と真剣に考える多くの人々に支持されてきました。

この度、多くのファンが待望していたロビンズの初来日を記念し、邦訳のタイトルも新たに「特別編集版」として刊行する運びとなりました。

私がこの本に出会ったのは二十六歳の時、アメリカの空港内の書店でした。たくさん積み上げられていた本をたまたま手に取り、読み始めたところ、その内容に大きな衝撃を受けました。

この本との出会いで、「最高の自分を目指そう、人生を劇的に変えていこう」と決心し、自分の望む生き方に向けて大きな一歩を踏み出す勇気をもらいました。

まさに、**私の運命を大きく動かした一冊**なのです。

本書の原題には、「誰もが〝開発されていない才能＝眠れる巨人〟を内に秘めており、その力を解き放つことで無限の可能性が広がる」という意味が込められています。

では、「どういう時に、その人の才能が目覚めるのか」といえば、一流の人や一流の芸術作品、そして**「運命的な本」**に出会った時などが挙げられます。

私がこの本をきっかけに「最高の自分を目指すこと」を決心したように、今の自分に悶々《もんもん》としている発展途上の人、自分に新たな成長を望む人にとって、本書は「瞬間的な目覚め」を促すパワーがあります。「自分の中に眠っているすばらしい才能」を、さまざまな角度から揺り起こす「ウェイク・アップ・コール＝目覚まし」のような作用があるのです。

ロビンズは、**「パワーの集中」こそ成功の原動力**と書いていますが、多くの人は、日常生活に埋没しすぎており、「自分の才能はどこにあるか」という〝人生で一番大切なテーマ〟に意識がいかないまま、エネルギーを拡散させてしまっています。

そして、「今やっていることが好きではないから」「この仕事はライフワークではないから」と言い訳をしながら手を抜いて生きている人が、ほとんどだと思います。

ロビンズも書いていますが、**「一〇〇パーセントの自分」で生きている人**は、エネルギー効率がいいものです。残念ながら、多くの人が、どこかでブレーキを踏んだり、逆にアクセルをふかしすぎたりしているため、不完全燃焼の人生を送っています。

まずは今いる場所で、「今の自分」を一〇〇パーセントで生きることを心がけるだけでも、エンジンが温まり、**「才能が目覚めやすい自分」**へと変わっていけます。運命が動き出し、人生は変わっていくのです。

〝決断〟した瞬間に運命は動く

本書では、自分の可能性を目覚めさせるための印象的で効果的なノウハウが数多く紹介されていますが、中でも、とくに重要だと私が思う点について見ていくことにしましょう。

まずは、**「決断する力」の重要性**です。ロビンズは、「決断した瞬間に運命は決まる」と書いています。

多くの人が、「決断」を先延ばしにしています。「ダイエットは明日から」「ライフワークを始めるのは、今の仕事が一段落してから」といった具合です。しかし、**「こんな人生を送りたい」と思うのと、「絶対に何が何でもやる」と誓うのとでは、決定的な差がある**のです。

たしかに、何かを決断するのは、誰しも怖いものです。

その恐怖を克服するためには、まず「自分の行動のパターンを読み解く」こと。自分がどんな時に積極的に動けるか、逆に怖じ気づいてしまうのか、自分のクセを知っておくと、自分自身を「行動させる」「駆り立てる」ことに長《た》けていきます。

またロビンズは、人間は「知性」や「論理」によって動くのではなく、「苦痛を逃れ、快感を得る」ために行動すると書いています。「決断力」を高めていくためにも、人間の行動を支配する、この**「苦痛と快感の原則」**への理解を深めることが大切になってきます。

私自身のダイエット経験からも、「苦痛と快感の原則」の効果は実証ずみです。「運動をすると代謝が上がる。野菜中心の食生活は身体にいい」といった知識よりも、「あと何キロやせるまで、絶対に本を読んではいけない」と宣言した時のほうが、圧倒的に効果がありました。

つまり、**「アメとムチ」が効く、**ということです。

また、アメとムチを効果的に生かすためにも、自分の「基準」を上げることが必要になります。現状の基準のままでは、どうしても安易な方向に流されていってしまうからです。

そして「高い基準」をクリアした時には、**「自分にもできる！」という快感**が湧いてきます。

そして、この快感こそが、自分を「次の目標」へと駆り立てていくのです。

■■■「メタファー」一つで人生は一瞬にして変化する

また、本書の特色の一つは**「メタファー＝言葉の使い方」**についての項目が設けられていることでしょう。

たとえば、ある大企業では、クレームをそのまま「クレーム」とは言わず、「ご意見」と言い換えています。「クレーム」と言われると、身構えたり、考えがネガティブなほうへ流れていったりしがちですが、同じ事実を「ご意見」と言い換えるだけで、「そこから学んでいこう」と意識が前向きに変わります。

私はよく「あなたの人生を映画にしたら、ここからどういうドラマが始まりますか」とセミナーで問いかけます。

「自分の人生はドラマ」とメタファーの力を使うことで、自分の人生をまったく違った印象で捉えられ、自分の望む方向に人生が急展開するイメージを持てるからです。

ロビンズは、脳は「実体験」と「想像上の体験」の違いがわからないと書いていますが、私は、イメージしたり、想像したりして「ワクワクすること」は、その人が本来持っている可能性が目を覚まそうとしているサインと考えます。

そして、思い描いた「ヴィジョン」に、「感情」と「行動」というエンジンをかけ算できる人が、運命を動かし、夢を実現していけるのだと思います。メタファーと想像力を賢く応用することで、人生を飛躍的に展開させていけるのです。

■■■ 一つの質問が、人生を支配する

また、私に悟りにも似たインスピレーションを与えてくれた**「一つの質問が、人生を支配する」**ことについて書きたいと思います。

ロビンズは「黄金の答えを出すには、いい質問をすること」と書いていますが、私たちは自分でも気づかないうちに、たくさんの〝質問〟を自分に投げかけています。

たとえば、「周りに迷惑をかけないようにして生きる方法は?」「失敗をして恥をかかないように振る舞うには?」「女性として、慎《つつ》ましやかな行動は?」といった具合です。

しかし、「最高の人生」を生きたいのであれば、まったく違った質問を自分にする必要があります。それが、**「成功するために必要な仕事」のうちの九割**を占めていて、残りの一割は自動的についてくるとさえ思えます。

たとえば、私自身、人生の節目には、

「後悔しない人生のために、今すべきことは何か」

「人生をかけて本当に表現したいものは何か」

「残りの人生を使って、自分は世の中に何を残せるのか。どんな貢献ができるのか」

といった問いかけをしてきました。その結果、人生が大躍進を遂げたことが何十回とありました。

では、**あなたの「ベスト」は、どのような質問で出てくるのでしょうか。**

もっと仕事で充実感を感じたいなら、「今の仕事を通じて、世の中にどう貢献できるだろう」「今の会社で、自分の才能を極限まで発揮したらどうなるか」と日頃から質問していれば、意識が劇的に変わっていき、「仕事が退屈だな」と思うことなどなくなるはずです。

あるいは、お金であれば「今の状態からお金持ちになるには、何をすればいいのか」、パートナーシップであれば「最高のパートナーシップをつくるには、何をすればいいのか」という質問をすれば、意識が劇的に変わるのを体感できるはずです。

ある上場企業の社長さんから聞いたエピソードですが、彼は新入社員の頃から「自分が社長だったら、どうやって会社を経営するか」とずっと考え続けてきたそうです。この質問が、彼を三十年後に社長にしたといっても過言ではありません。

■■■「感情」を人生を前進させる〝ガソリン〟に変える

最後に、本書の中にも出てきますが、「感情」は、人生を生きる上で、理性よりも大きな影響力があります。どれだけ知性に優れていても、感情に振り回されたがために、人生を台無しにしてしまう人がいます。

頭ではわかっているのに、できないことが私たちにもよくあります。パートナーや家族に当たったり、仕事仲間との人間関係がうまくいかなかったりするのも、感情のせいです。

ポジティブな感情を表に出しても問題ないとされていますが、ネガティブな感情は出してはいけないという常識があります。しかし、あなたの人生を振り回すのは、あなたが内に閉じ込めたネガティブな感情です。

感情については、学校でも、家庭でも教えてもらえることはありません。ですが、ところかまわず怒りをぶちまけたり、いつでも悲観的だったりと、感情的なバランスがとれていなければ、社会的にうまくやっていくのは難しくなります。

人生を振り回すのは自分の中にある怒り、悲しみ、恨みの感情です。その感情を人生を前に進めるガソリンに変えることができると、あなたはもっとパワフルに生きられるようになります。

私が、ロビンズの本から学んだのは、こうした人生のエッセンスです。それで、すべてが解決するわけではなく、ここからがスタートだと言えるでしょう。

誰にでも、人生を変える「気づきの瞬間」があります。それはいつやって来るかわかりません。そして、その種の気づきは、どんな人にもありますが、行動を起こして運命を動かしていける人は、ごく限られています。

自分の中の天才性を引き出し、夢を実現するための一歩を踏み出すパートナーとして本書を役立てていただければ、訳者としてこれほどうれしいことはありません。

◎もくじ

1

「運命」は、自分の手で動かす
――「夢」を実現するための〝最強ツール〟を手に入れる

2

「決断」した瞬間、すべてが決まる

——人生に〝決定的な違い〟をもたらすもの

5

人生を自在に操る法
——この六ステップで〝まったく新しい自分〟に出会う

6 「一つの質問」が人生を支配する
――いつもどんな言葉を自分にかけているか

7

運命が好転する「変身ボキャブラリー」
──「言葉一つ」の計り知れない影響力

8

人間力とは「表現力」である
──「何を語るか」より「どのように語るか」

9

「感情」は心の羅針盤
——無視せず、振り回されず、賢く利用するコツ

10 「想像力」は夢への最短ルート
――ワクワクした瞬間、自分に魔法がかかる

11

「奇跡の十日間」メンタル・チャレンジ

――「壁」を打ち破り、成長の旅を探求するために

1

「運命」は、自分の手で動かす

——「夢」を実現するための〝最強ツール〟を手に入れる

Awaken the Giant Within

自分の中の〝眠れる巨人〟を揺り起こす

人には夢がある。

「自分には特別な素質がある、自分の夢を実現し、社会に貢献する力がある」

誰もが心の奥底でそう信じたがっている。誰でも一度は、「こんな人生を送りたい」という具体的な夢を持つ。

しかし、大半の人が日々の忙しさに追われて、夢を実現させる努力すらあきらめてしまう。

こんな人たちに、もう一度自分の夢を思い出してもらい、**心の中の眠れる巨人を揺り起こし、その無限の力を活用して夢を実現してもらう**のが、私が一生をかけて果たすべき使命なのだ。

夢にまで見た「理想の人生」を送っている自分に気づいた日のことを、私は絶対に忘れない。

あれは、ビジネスミーティングの後、ヘリコプターを自分で操縦し、ロサンジェルスのオレンジ郡で行なわれるセミナーの会場に向かっていた時だった。

とある高層ビルが目にとまり、その上空でヘリコプターをホバリングさせてよく見ると、それは十二年ほど前に私が清掃夫として働いていた場所だった。

当時の私は、中古のフォルクスワーゲンが故障して仕事に行けなくなったらどうしようと、ヒヤヒヤしながら暮らしていた。食べていくだけで精一杯の、不安で孤独な毎日だった。

ヘリを操縦している今の自分と、十年前の自分の境遇を比べると、天地ほどの差がある。


さらに海岸沿いに南下していくと、眼下ではセミナー会場近くの高速出口が二キロ以上も渋滞していた。「セミナーの参加者が、この渋滞に巻き込まれないといいな」と思いながらヘリを着陸させるために降下していくと、私の姿をひと目見ようと集まった何千人もの群集をヘリパッドから押し戻そうとしているガードマンの姿が見えてきた。

その時ようやく状況が飲み込めた。交通渋滞は、私のセミナーに向かう人たちが原因だったのだ。

参加者は二千人前後と予想していたが、蓋を開けてみると、定員五千人の会場に七千人が押し寄せていた。会場まで歩いていく間にも大勢の人が私を取り囲み、私の教えが彼らの人生にどんなに役立ったかを熱く語ってくれた。

ビジネスの拡大、お金の問題の克服、ダイエットの成功――彼らの話はいずれも感動的で、私は思わず涙ぐんでしまった。

そして、セミナー会場で私を応援してくれる五千人の聴衆を目の当たりにした瞬間に、「自分の夢は本当に実現したのだ」と悟った。

私の提供した情報や戦略、人生観、そしてスキルのおかげで、こんなにも多くの人たちの夢が実現したのだと理解した瞬間の恍惚感は、言葉ではとても表現できない。

八年前、人生にこれといった目的もなく、孤独感に苛《さいな》まれ、ただ時を無為に過ごしていただけの私と、今の私は同じ人間とは思えない。デブで、金もなく、どうやって生計を立てていこうかと悩む高卒の若造だった私は、いかにして現在の成功を手に入れたのか。

パワーを〝一点集中〟させよ

答えは簡単だ。私が「**パワーの集中**」と呼ぶ原則をマスターしたからだ。

持てる資質のすべてを「一つの分野」に集中させることで、どれほど巨大な力を操れるかを知る人は少ない。

焦点を絞り込めば、レーザービームのように、行く手を阻む障害を突き崩すことができるし、常に一つのことに打ち込んでいると、自ずと改善策が見えてくるものだ。

望み通りの結果が手に入らない原因の一つは、パワーを一点に集中させられないことにある。多くの人は、何事もちょっとかじってみるだけで、何かをとことん追究してマスターする気などない。要するに、人生で成功できない人は、些細なことにばかり気を取られているのだ。

あなたは**「何が自分の言動を支配しているか」**を自覚しているだろうか。これがわかれば、あなたは自分の運命をコントロールする「重要な鍵」を見つけられる。

私のこれまでの人生を突き動かしてきたのは、たった一つの、避けがたい疑問だった。それは、**「何が人生の質の違いを生み出しているのか」**である。

なぜ、貧しく、悲惨な環境に育った人が、逆境を乗り越え、多くの人を感動させる人生を生きられるのか。

なぜ、何一つ不自由のない裕福な環境、成功のチャンスがいつでも目の前にころがっている境遇に生まれ育った人が、ぶくぶく太った欲求不満の麻薬中毒患者になり下がってしまうのか。

こうした人生の違いは、いったいどこから生まれるのか。情熱と幸福と感謝の念に満ちあふれた人生と、「たったこれっぽっちか」が決まり文句の人生。そこには、どのような秘密が隠されているのだろうか。

誰もが隠れた才能、夢を実現する力を持ってこの世に生まれてくると私は信じている。**誰でも心の中に眠れる巨人を抱えているのだ。**

あなたも他人にはないすばらしい才能を必ず持ち合わせている。それは絵画や音楽の才能かもしれないし、卓越したコミュニケーション能力かもしれない。もしくは、ビジネスで成功するためのセールスの才能や、新機軸を打ち出す能力や、商品開発の力かもしれない。

神はえこひいきせず、一人ひとりの人間に特別な才能と人生を満喫するチャンスを平等に与えているはずなのだ。

自分だけの〝すばらしい成果〟をつかむために

一瞬にして人生のすべてを変えるだけのパワーを誰もが持っていることを、私は今までの経験から確信している。夢を実現するのに必要なものはすべて私たちの中にあり、いつになったら私たちが目を覚まし、持って生まれた権利を主張するかと待ち構えているのだ。

私がこの本を書く理由はただ一つ。神から授かった能力をもっと活用して、もっと意味のある人生を送りたいと願う人に**「変わるキッカケ」**を与えるためだ。そのための具体的なアイデアや戦略が本書には満載である。

私にはあなたがどういう人間なのか、わかるような気がする。私たちは同志である。**人間的にもっと成長したいという熱い思いがあるがゆえに、あなたは見えない手に導かれて、この本とめぐり合ったのだ。**

今、人生がどのような段階にあるにせよ、あなたは一つ上を目指している。今のところは万事順調な人も、何かと苦労が絶えない人も、心の奥底では「今より絶対、いい人生を送ることができる」と確信しているに違いない。

自分だけのすばらしい成果を上げること――それがあなたの「運命」なのだ。

重要なのは、**信じるだけでなく、実際に行動を起こす**ことだ。

本書を購入し読み進むだけでも、大きな差がついてくる。本を買ってから、二章以降も読み続ける人は、十人に一人もいないことが統計的に証明されているからだ（なんたる無駄遣い）。

本書を最後まで読み通し、各章の教えを毎日の生活でぜひ実践してほしい。必ずや自分の潜在能力を最大限に活用し、夢を実現できるはずだ。

〝いつも逃げ腰〟な自分と手を切る三原則

変化は、それが永続的なものでなければ、最後には失意と落胆が待っている。

「どうせ変われない」と無意識に考える人は、逃げ腰で変化に立ち向かうことが多い。減量したい人が、ダイエットをグズグズと先延ばしにするのがよい例だ。

そこで永続的な変化を実現するために、まずは**「変化の三大基本原則」**を紹介する。どれも簡単なものだが、上手に使えば必ず大きな力を発揮するだろう。

秘訣1　「基準」を厳しくする

何かを変えたいと心の底から思ったら、まず**基準を厳しくする**ことだ。私がどうやってあのみじめな人生から抜け出したのかといえば、「自分に対する要求を厳しくしたこと」が何より重要だったと考えている。私の場合、自分の人生で達成したい目標だけでなく、今後受け入れがたいことと、耐えがたいこともすべて書き出した。

自分に課す基準を厳しくし、決して妥協しないことを決意した人の行動がどんな結果を生むか考えてほしい。レオナルド・ダ・ヴィンチ、リンカーン、ヘレン・ケラー、マハトマ・ガンジー、キング牧師、ローザ・パークス（アメリカの公民権運動の母と呼ばれる黒人女性活動家）、アインシュタイン、本田宗一郎らをはじめとする歴史上の偉人は、みな自分に課す基準を厳しくして成功したのだ。

自分に課す基準を厳しくする勇気を持てば、彼らと同じ力が手に入る。組織や企業、国家、ひいては世界を変える第一歩は、個々人の人生を変えることから始まるのだ。

秘訣2　ゆるがない「信念」を持つ

自分に課す基準を厳しくしてはみたものの、「そんな基準は達成できるわけがない」と思っていては、意味がないし、やる気も起きない。

「信念」は問答無用の絶対命令のようなものだ。**信念があってこそ、すべての行動、思考、感情が形成される。**だからこそ、意味のある永続的な変化を人生にもたらすには、自分の信念を変えなければならない。

今、ここで自分の信念体系を確認し、**自分の中から「限界」という言葉を追い出す**こと。限界意識を捨て去り、全身全霊をかけて信念を実行に移してこそ、潜在能力は存分に発揮され、偉業を達成できる。**大きな成功の陰には「必ずできる」という確信が常に働いている**のである。

秘訣3「戦術」を変える

夢を実現するためには、**最適の戦術を使う**ことも重要だ。もし自分に課す基準を厳しくし、「絶対実現できる」という確信があれば、実際の戦術を考えるのは難しいことではない。

夢を実現する最善の戦略は、自分と同じ夢をすでに実現した人を見つけて、手本にすることだ。彼らがどんな考えや信念を持ち、どんな行動をとったかを学ぶといい。一から始める必要がないので、効率もよく、時間も節約できる。もちろん、先人の戦略を調整し、自分にとって最適な形に整えれば、なおいいだろう。

本書では、人生に変化をもたらす、以上の三つの基本原則をさらに詳しく説明し、あなたの励みとなる実例も紹介していこう。

人生の「質」を劇的に高める法

人生において何をすべきかを「知っている」人は多いが、「実際に行動に移せる」人はほとんどいない。

しかし、「知っている」だけで「行動」に移さなければ、何の意味もないのだ。

本書の読者は、私を「人生のコーチ」だと思ってほしい。コーチは長年専門分野の研究を重ね、望み通りの結果を、より速く出せるように訓練を積んできた専門家だ。コーチの指導する戦術を使えば、よりよい結果をより速く手にできる。

本書を通して、私と共に「人生の質」を向上させていこう。そのために、次に挙げる五つの重要分野を、本気でマスターしてほしい。

①「感情」の問題をマスターする

自分の感情をコントロールできれば、残りの四つの分野をマスターするのは、さほど難しいことではない。

たとえば、どうして減量したいのか考えてみてほしい。余分な贅肉を落として、もっとエネルギッシュに動き回りたい、もっと自信を持って人と接したい、自尊心を高めたいなど、人によって理由はさまざまだろう。しかし、実質的には、すべて**自分の「気分」を変えたい**のだと言える。

それなのに、効果的に、しかも短時間で気分を変えるための訓練を受けたことのある人はまずいない。**自分の感情は自分でコントロールできる**のに、それをせず、自分がコントロールできない外部の出来事に振り回され、その場しのぎの解決策に頼る人ばかりである。

そんなことだから、世界人口の五パーセントを占めるにすぎないアメリカが、世界中のコカインの半分以上を消費することになるのだ。そうでなければ、アメリカ人が数十億ドル規模の防衛予算と同じ金額をアルコールにつぎ込むことはないし、毎年、千五百万人がうつ病と診断され、五億ドルを超える抗うつ剤が処方されることもない。

自分の**行動の根拠**は何か、繰り返し抱く**感情の「引き金」**となるものは何か——「感情」の問題をマスターする方法を、ぜひとも本書で発見してほしい。

②「健康」の問題をマスターする

自分の夢を実現して成功しても、健康を損ねてしまっては元も子もない。

毎朝目が覚めると、身体中にエネルギーが満ちあふれ、一日が始まるのが待ちきれないだろうか。それとも寝覚めが悪く、昨日の疲れが抜けず、あちこち痛くて、また一日が始まるのかと憂うつになるだろうか。

また、今のライフスタイルでは運動不足になっていないか。アメリカ人の二人に一人は心臓病で、三人に一人はガンで死亡している。

高脂肪で、栄養素の乏しい食事をとり、タバコ、アルコール、麻薬の毒に冒され、テレビの前に座り込んで運動もしない現代人は、十七世紀の医師、トーマス・モフェットの言葉を借りれば、まさに「歯で墓穴を掘っている」ようなものだ。

本書では外見を磨くだけでなく、**内面的にも充実し、人生を自分の思い通りに生き、目標を達成できるだけの体力を維持するための健康管理法**を紹介する。

③「対人関係」の問題をマスターする

自分の感情と健康をコントロールできるようになったら、次は対人関係（恋愛、家族、ビジネス、社会全般を含む）をマスターすることが大切だ。喜びを分かち合える仲間がいなくては、いくら新しいことを学び、成長し、成功しても意味がない。

質の高い人間関係を築いていくためには、まず、自身の価値観を明らかにし、これまで自分が人生に何を期待し、どんなルールに従って生きてきたか、他者とどんな関係を築いてきたかを自覚することだ。その上で、どうすればより深いレベルで人間関係を築くことができるか、その方法を学んでいく。

私にとって最大の財産は、人間関係だ。**対人関係をマスターすれば、人間的成長と社会貢献の機会が大きく広がる**だろう。

④「お金」の問題をマスターする

六十五歳になる頃には、ほとんどのアメリカ人は死ぬか、一文無しになるかのどちらかだ。

人生を楽しむ黄金時代であるべき老後を一文無しで過ごす羽目に陥るなど、誰が予想しただろう。経済的にゆとりのある老後は、きちんと計画を立て、着実に実現していく強い意志がなければ、ただの夢物語に終わってしまう。

経済的に豊かな生活を送りたいと思うなら、まず、「満たされない思いの原因は何なのか」を解明しなければならない。そして、**十分な富を築き、維持し、さらに拡大するのに不可欠な価値観、信念、感情を身につける必要がある。**そうすれば、お金の心配に煩わされずにすむ人生、最高に快適な生活を十分楽しむことができるだろう。

⑤「時間」の問題をマスターする

「時間の使い方」を本当に知っている人は、どれだけいるだろう。私が言いたいのは、単なる時間管理のことではなく、**「時間を味方につけるような使い方」**のことだ。

目先の利益ばかり追求していると、長期的に見た時に大きなリスクを背負うこともある。目先の報酬に惑わされず、自分のアイデアや創造性、能力が存分に発揮できる時がくるまで待つ辛抱強さを身につけたいものだ。

次に、実現まで時間がかかってもあきらめず、計画の遅れにも焦らず、状況に応じて柔軟に戦術を変更するのに必要な戦略の立て方を学ぶ必要がある。

こうした時間の使い方をマスターすると、一年間で達成できることは思っている以上に少なく、十年間で達成できることは思っている以上に多いことがわかるだろう。

私は、本書を理論書ではなく、「人生の質を高め、もっと人生を楽しむためのアクションガイド」として執筆したつもりだ。

そして、この本は人生の一部分だけを変えるのではなく、**人生を新しいレベルに高める転機**をつくることを目的としている。

つまり、全体的な変化を引き起こすのが本書の目的なのだ。

本書を読めば、人生にはいくつかの重要なポイントがあり、そこで小さな変化が一つ起きただけで、文字通り、人生全体の質が変わってしまうことがわかるだろう。

読者が理想の人生を実現するために必要な「戦術」を伝えることが本書の目的であり、障害にぶつかった時にその原因を見極め、最小の努力で乗り越えていくための簡単で具体的な方法をいろいろ紹介していく。

前置きはこのぐらいにして、早速、夢を実現させる旅に出かけることにしよう。

2

「決断」した瞬間、すべてが決まる

——人生に〝決定的な違い〟をもたらすもの

Awaken the Giant Within

〝十年後の自分〟のために、今日何をするべきか

十年前に自分がいったいどこで何をしていたか、考えてほしい。どんな友だちとつき合い、どんな夢を持っていただろうか。誰かに「十年後はどこで何をしているか」と聞かれたら、何と答えていただろう。今自分がいるのは、十年前に予想した場所や地位だろうか。十年の月日がたつのは、本当にあっという間だ。

自分にすべき重要な質問はこれだ。

「これからの十年をどう過ごしていくか。十年後の自分のために、今日何をすべきか」

人生とは「後になって振り返る」ものではなく、「一瞬一瞬を真剣に生きていく」ものだ。

人生の「十年計画」を立てるのは今しかない。

十年ほど前、私はまだ十九歳の若造だった。一文無しで、孤独な暗い日々を送っていた。はっきりした目標もなく、成功する方法を教えてくれるコーチはおろか、成功した友だちも、助言してくれる先輩もいない、悩みを抱えた肥満児だった。

しかし、その後の数年で**人生を根底から大変革させる力を発見した**のだ。

この力の使い方をマスターした後、一年足らずで自分の人生を大きく変えることができた。

この力を得たおかげで、大きな自信が生まれ、行動力が身につき、目に見える結果を出せるようになった。

この力のおかげで、健康管理ができるようになり、十七キロの減量に成功し、理想の女性にめぐり合い、結婚して理想の家庭を持った。

この力のおかげで、年収は百万ドルにはね上がった。台所もなく、洗面所で食器を洗わなければならなかった狭いアパートから、デルマー・キャッスルと呼ばれるこの豪邸に引っ越すことができた。

この「たった一つの力」を手にしたおかげで、「孤独で無意味な生活」から「自分の幸運に感謝できる生活」に切り替わったのだ。今も毎日この力を使って、**運命を自分の手で切り拓いている。**

果敢な「決断」の前に運命は動く

ここまで読んできたあなたなら、「人生を根底から大変革させる力」とは何か、その答えはだいたい見当がつくと思う。

それは**決断する力**だ。

人生で起こることはすべて、喜びも苦しみもすべて、自らの決断に端を発している。

決断した瞬間にあなたの運命は決まる。

今決断したことが今日の気分を支配すると同時に、未来のあなたの姿を決めるのだ。

過去十年を振り返って、「あの時、ああしていれば、今とはまったく違う人生を送っていただろう」と思う瞬間はないだろうか。

たとえば、就職を決めた時、反対に就職の話を断った時はどうだろう。結婚を決めた人もいれば、離婚した人もいるだろう。一冊の本、一回のセミナーで、その後の人生が大きく変わることもある。子どもをつくろうか、いや、仕事が面白いから、まだいらない。住宅に投資するか、事業に投資するか。健康のため運動を始めよう。忙しいから運動はあきらめよう。禁煙しよう。郊外に引っ越そう。世界一周の旅に出よう。

こんな過去の決断の一つひとつが、現在のあなたにどのような影響を与えているだろう。過去十年を振り返って、悲観したり、イライラしたり、絶望したり、不当な扱いを受けたと憤ったりしたことはあっただろうか。もちろん、私もそういう感情をすべて経験してきた。

そういう感情にとらわれた時、あなたは何か行動を起こす決断をしただろうか。限界に挑戦しようとしたか、それとも、ただあきらめてしまったか。

運命を決定づけるのは「周りの環境」ではなく、「各自の決断」だと、私は心の底から信じている。

たしかに、世の中には遺伝、環境、家系、コネなど、あらゆる点で恵まれた、生まれつき有利な立場にある人はいる。しかし恵まれない環境に生まれながら、適切な判断で運命を切り拓き、障害をものともせずに乗り越え、大成功を収めた人は少なくない。彼らこそ、人間に「無限の力」が備わっていることを示すよい例である。

「思う」と「誓う」とでは〝決定的な違い〟がある

誰もが成功者のリストに、その名を連ねられる。そうなるためには、これからの十年、さらにその先を見据え、どのような人生を送っていきたいかを、今ここで決断すればいい。

今決断しないとすれば、それはそれで一つの決断を下したことになる。つまり、「自らの手で運命を切り拓く」のではなく、「周囲の環境に自分の運命を託す」という決断をしたことになるのだ。

私自身は、自分の人生をたった一日で変えた。単に「こんな人生を送りたい」と思うのではなく、「何をしてどんな人生を送る」と自分に誓った日が、人生の大きな節目となった。

「思う」のと「誓う」のとでは、決定的な違いがあるのだ。

「できればいいいな」と思うのと、「何が何でもやってやる」と思うのとでは、天と地の差がある。「もっとお金を稼げたらいいのに」「もっと子どもと過ごす時間を増やしたいの」「社会に貢献してみたいと思っているんだよ」と言う人がいるが、この口ぶりでは実現は望み薄だ。「自分からは何もしたくないが、なりゆきでそうなってくれればいい」というのが本音だからだ。こんな言葉に力などあるわけがない。

また、「どんな成果を達成したいか」だけでなく、「将来、自分はどんな人物になりたいか」も、決めておく必要がある。1章で述べたように、自分と周囲に課す「基準」を決めるのだ。

最低線をきちんと決めておかないと、自分の理想に合わない行動や姿勢や価値観を甘んじて受け入れてしまう危険がある。

そして、一度基準を決めたら、何があろうと決して妥協してはいけない。たとえ、何をやってもうまくいかなくても、悪天候がついてまわっても、株式市場が大暴落しても、恋人に捨てられても、誰も助けてくれなくても、「基準」に満たないものは毅然として拒否し、自分で決めた高い理想に合わせて生きていく覚悟が必要だ。

残念ながら、言い訳を探すのに忙しい人が多すぎる。彼らが目標を達成できず、理想の人生を送れないのは、親に虐待されたからでも、若い頃に成功のチャンスに恵まれなかったからでも、進学できなかったからでも、年を取りすぎているからでも、若すぎるからでもない。

あなたには、一瞬にして人生を大きく変える力がある。

「決断する力」によって人間関係から職場環境、健康状態、年収、そして精神状態まで変えることができる。幸せか、みじめか、イライラか、ワクワクか、環境の奴隷になるか、自由を謳歌するか——人生のすべては自分で選択できるのだ。

私は自分の人生をたった一日で変えた!——その方法

仕事の不満を口にする人には、私は「どうして今日も仕事に行ったんですか」と尋ねる。すると、返事はいつも「行かないわけにはいかないから」だ。

しかし、思い出してほしい。この国に「しなければならない」ことなど、あっただろうか。決められた場所で、決められた時間に働く義務などアメリカにはない。「新しい会社で別の仕事をする」と今日決断してもかまわないのだ。

今こそ、決断しよう。

また学校で勉強してもいいし、歌やダンスを習ってもいい。投資の勉強をする。ヘリコプターの操縦を習う。瞑想を始める。社交ダンスを習う。フランス語を習う。子どもに本を読み聞かせる。花壇の世話に専念する。フィジー島に移住する。

どんなことでもいい。**固い決意があれば、できないことなどない。**


今の恋人が気に入らないなら、変えればいい。今の仕事がいやなら、変えればいい。自分が好きになれないなら、変えればいい。元気で健康な身体がほしければ、変えればいい。

あなたは、今、この瞬間にこの場で決断をして、一瞬で人生を変えることができるのだ。

今までの習慣を変える。新しい技術を習得する。人とのつき合い方を変える。

ずっとご無沙汰している人に電話をかける。電話をすれば、新しい仕事の話が舞い込んでくるかもしれない。

毎日を、もっと前向きに、もっと穏やかな気持ちで過ごそうと、今この場で決断すればいい。

さあ、今この瞬間に、成長と幸福に向かって、積極的で力強い新たなる一歩を踏み出すことを決断しよう。


「目的達成のために死をも辞さない人間の行く手を阻むものはない」

——ベンジャミン・ディズレーリ（イギリスの政治家）

「石にかじりついてでもやる！」という気持ちがあるか

幸運なことに、「決断する力」は誰にでも備わっている。

決断する力は、学歴やお金に恵まれ、由緒正しい家柄の選ばれた人間だけが持つことを許された特権ではなく、王様でも、労働者でも、同じように手にしている。今、この本を読んでいるあなたも、もちろん持っている。ただ勇気を振り絞って、自分の中にある強大な力を自分のために使えばいいだけだ。

今日こそ、「自分は今までよりすばらしい人間になる」と決断できるだろうか。今日こそ、「理想の自分になるために、どんな努力も惜しまない」と決断できるだろうか。

まずは、こう宣言してほしい。

「これが本当の自分の姿だ。自分の人生の目的はこれだ。これからこういう行動を起こす。この夢を実現させるのが私の運命だ。誰にも邪魔はさせない」

誰もが自分の人生を〝傑作〟にできる

しかし、多くの人が「私もそんな決断をしてみたいものだが、夢を実現する具体的な方法がわからない」と、恐怖で立ちすくんでしまっている。その結果、**自分の人生を傑作に変える決心**がつかないまま人生を終えることになる。

ここで強調しておきたいのは、初めのうちは、夢を実現する具体的な方法など、それほど重要ではないということだ。大切なのは、**「石にかじりついてでも必ず方法を見つけてやる」**と決断することなのだ。

私の前作『一瞬で自分を変える法』（本田健訳、三笠書房刊）で「究極の成功方程式」と名づけた目標達成の基本的なステップは、（1）目標を決める、（2）行動を起こす、（3）効果の有無を調べる、（4）目標を達成するまで方法を調整し続ける、の四段階から成る。

結果を出したいと思えば、まず何を手に入れたいかを決め、次に行動を起こし、そこから学び、よりよい方法を探す。すると、次第に目標に近づくスピードが速くなる。目標の実現に真剣に取り組み出したら、何が最善の方法かは自然とわかってくるものだ。

「行動を開始する（あるいは何かを創造する）時に、必ず当てはまる基本的な真実が一つある。それは、全身全霊で目標に向かえば、神の摂理をも味方にできるということだ」

――ヨハン・ヴォルフガング・フォン・ゲーテ

決断とは「他の可能性を切り捨てる」こと

決断を下すことの絶大な効果を知りながらも、ナイキのコマーシャルのように「ジャスト・ドゥ・イット」、とにかくやってみようとする人が少ないのはなぜか。

それは、「決断する」ことの真の意味を知らない人がほとんどだからだ。長い間「決断」という言葉を拡大解釈してきたため、「できればいいと思う」というレベルまで、決断の意味が薄まってしまったのだ。

「できれば禁煙したい」などという、すでに逃げ道を用意しているような言い方は、真の意味での「決断」ではない。

英語の「decision」（決断する）は、ラテン語の「～から」を意味する「de」と、「切断する」を意味する「caedere」からできた言葉で、「他の可能性を切り捨てる」という意味を持つのだ。だから「決断する」とは、**「目標を達成することに全力を注ぎ、それ以外の可能性はすべて切り捨てること」**を意味する。

つまり、禁煙を固く決意した時点で、タバコを吸いたいと思うことも許されないのだ。今までにそういう決断をした経験のある人は、私のこの説明が理解できるはずだ。

「明確な目標」があるからパワーも生まれる

たとえどんなにつらい決断であっても、一度覚悟を決めてしまえば、誰でも肩の荷が下りて、心の底からホッとするものだ。疑問を差し挟む余地のないほど明確な目標を定めた後は、実に爽快な気分になれる。

目標の明確さこそが、パワーの源だ。

目標が明確であって初めて望み通りの成果を手にできる。問題は、ほとんどの人が「断固とした決断」がどんなものか、忘れてしまっていることだ。それは、ちょうど運動不足で筋肉がブヨブヨになっているようなものだ。何しろ、今晩の献立さえ、なかなか決められない人もいるくらいなのだから。

では、この〝決断筋〟を強化するには、どうすればいいか。

よりよい決断をするには、決断することにどんどんトライすることだ。

技術は反復によって習得するものだということを忘れてはならない。

決断する機会が増えてくると、自分の手で人生をコントロールしているのがよくわかる。将来、遭遇するであろう障害も、自分の人生をもっと高いレベルに引き上げるチャンスと捉えられるようになる。

「決断を下した瞬間に、自分の運命が決まる」

——アンソニー・ロビンズ

自分の運命を左右する「三つの決断」

あなたが最終的に社会にどんな貢献をし、どんな人物になるかは、次に挙げる三つの決断によって決まる。

①何に注目するか
②注目したものにどんな「意味づけ」をするか
③「望み通りの結果」を出すために、どんな行動をとるか

である。つまり、あなたの運命を決定づけているのは、過去の出来事でも現在の出来事でもなく、**何に注目し、どんな意味づけをし、どんな行動をとるかという「決断」**なのだ。

あなたより成功している人は、どこかの時点で、あなたとは違う三つの決断をしているはずだ。

無意識に〝残念な決断〟をしていないか

世の中にはよく考えもせず、無意識に決断する人が多すぎる。とくに、この三つの重要な決断を無意識に下すと、後で大変なことになる。そんな無意識に決断している人を私は「ナイアガラ症候群」と呼んでいる。

人生を川にたとえると、多くの人はどこにたどり着きたいか考えもせず、ただ川の流れに身を任せてしまう。そうなると、目先の出来事や恐怖、障害だけに目を奪われてしまう。川が二またに分かれていても、どちらに行きたいか、どちらがよいか、決める気もなく、ただ流れに乗っていくだけなのだ。

そんなふうにボーッと時を過ごしていると、ある日突然、流れ落ちるナイアガラの滝の轟音が耳に届いて、ハッと我に返る。そして、自分が櫂《かい》もないボートに乗り、滝まであと一・五メートルのところにいることに気づく。

この時点で「しまった」と思っても、もう手遅れだ。滝と一緒に一気に落下するしかない。その落下は、場合によっては感情的な落下だったり、肉体的・経済的な落下だったりする。

つまり、あなたが今遭遇している困難も、〝上流〟でもっと適切な判断をしていたら、きっと避けることができたはず、ということなのだ。

あなたの脳は〝無意識の領域〟に操られている

考えたこともないかもしれないが、人間の脳は「決断を下すためのシステム」をすでに持っている。

このシステムは、刻々と私たちの「思考、行動、感情」を一定の方向へと推し進め、あなたの価値判断をコントロールしている。そして、その大部分は「無意識の領域」に属する。

恐ろしいのは、このシステムを自分の手で設定したことがない人が大半だということだ。実は、知らないうちに、親、友人、教師、テレビ、コマーシャル、文化といった環境によって、システムが勝手に設定されてしまっているのだ。

このシステムは、（1）**核となる信念**、（2）**人生の価値観**、（3）**参考とする経験**、（4）**いつも自分にしている質問**、（5）**心の状態**の五つに分けられる。

この五つの要素の相乗効果によって、行動を起こす、起こさないが決まる。また、将来が楽しみか、それとも不安か、愛されていると感じるか、それとも拒絶されていると感じるか、どれだけ人生を楽しみ、幸福と感じられるかをも左右する。

幸運なことに、意識して決断すれば、システムの設定を書き換えることは可能だ。本書を参考にして、信念や価値観を系統的に見直し、自分の描いた「人生の設計図」に合わせて自分自身を改造することができるのだ。

「途中の失敗は一歩前進した証拠なのだから、がっかりすることはない」

——トーマス・エジソン

失敗するから「新しい知恵」が手に入る

「決断の力」を本当に利用するには、乗り越えるべき障害が一つある。それは、**決断を誤ったらどうしようという「恐怖感」を克服すること**である。

当たり前のことだが、絶対に誤った決断をしない人など存在しない。誰でも、判断を誤ることがある。私も例外ではなく、知らないうちに何度も間違いを犯してきたし、これからも常に正しい決断ができるとは思わない。

大切なのは、客観的に結果を見て柔軟に対応し、間違っていたら素直に非を認め、同じ過ちを繰り返さないことだ。

成功は、適切な判断のたまものである。適切な判断は経験のたまものであり、経験は間違った判断のたまものであることも少なくない。

成功すれば、せいぜいお祝いの馬鹿騒ぎをするぐらいのものだが、失敗すれば、その原因をよく考え、よりよい人生を手に入れるための「新しい知恵」を手にできる。

また、自ら経験することも大切だが、よい手本を見つけることも非常に役に立つ。お金とのつき合い方のお手本、人間関係のお手本、健康管理のお手本、仕事のお手本と、興味のある分野ごとに、「手本になる人」を見つけておくといい。

先人の経験と知恵をうまく活用すれば、手間もはぶけるし、ナイアガラの滝に落ちる心配もない。

〝経験値〟を積み上げるほど「成功の確率」も高まる

私たちには、誰の助けも借りずに一人で川を下り、自分で重要な決断をすべき時が必ず訪れる。何事も修行だと割り切れば、どんなに困難な事態に遭遇しても、あわてずにすむ。たとえ判断を誤ったとしても、そこから得られた経験や情報（これが**大きな違い**を生む）は、必ず将来の意思決定に役立つ。

大成功した人に聞いてみればわかることだが、人より多くの〝まずい決断〟を下した経験があるからこそ、人より大きな成功を手にできるのだ。

私のセミナーで、「この技術を完璧にマスターするには、どのぐらいの時間がかかりますか」と質問する人がよくいるが、私は「どのぐらい時間をかけるつもりですか」と聞き返すことにしている。

他の人が月に一回練習するところを、一日に十回練習すれば、一日で十カ月分の練習をしたことになり、誰よりも早く習得できる。

私が講演家として認められているのは、週に一回ではなく、チャンスさえあれば一日に三回でも講演をしてきたからだ。年に四十八回の講演をする人と比べたら、たった二週間で同じくらいの数の講演をこなしている計算で、一カ月ほどで、その人の二年分の経験を積むことができる。一年続ければ、二十年分も成長したことになる。

何かをマスターするのにかかる時間の長さを決めるのは、本人である。

「生まれつき話がうまくてラッキーだ」と言われることが多いが、私だって、最初から講演がうまかったわけではない。だがあきらめずに、同じ過ちは繰り返さず、失敗は必ず克服することを信条に講演し続けた。すると講演の腕がみるみる上達し、今ではどんな大きな会場であれ、どんなに偉い人が相手であれ、心に響く講演ができるようになった。

たとえ準備を万端に整えてことに当たっても、思い通りにいかないこともある。人生という川を旅していると、何度かは岩にぶつかることになる。これは悲観主義ではなく、本当のことだ。

そんな時は「俺はだめなやつだ」と自分を責めるのではなく、**「人生には失敗などない」**ことを思い出してほしい。**あるのは「結果」のみ。**

望み通りの結果が得られなくても、その経験から学んだことを生かしていけばよいのだ。

「道がなければ、道を造れ」

――ハンニバル（紀元前三世紀頃に活躍したカルタゴの将軍）

“目先のこと”に右往左往しない

また、いざ決断して行動を起こしても、短期的には効果が上がっていないように見えることがある。しかし、**成功するためには、長期的な視野が必要だ。**

私生活で私たちを悩ませている問題の多くは、「目先のこと」しか考えないために起こっている。食べすぎ、飲みすぎ、タバコの吸いすぎもそうだし、どう考えても無理だと言って、夢をあきらめるのもそうだ。

失敗は、小さな決断をいくつも積み重ねていった結果である。間違いをたださなかった、行動を起こさなかった、最後までやり通さなかった、自分の思いや感情をコントロールしなかった、一点に力を集中しなかった、その結果が失敗である。

同様に、成功もまた小さな決断をいくつも重ねた結果なのだ。自分に課す基準を高める決断、社会に貢献する決断、周囲の環境に左右されず自分の意志を貫く決断。これらが積み重なって、初めて成功を手にできる。

個人であれ組織であれ、**目先のことに目を奪われていては、決して成功することはできない。**長期的な視野に立って結果を出すことこそ、人生の目的と言ってもいいだろう。それができなければ、経済的にも、社会的にも大変な苦境に立たされるだろうし、個人的に完全に行き詰まってしまう場合もある。

〝人生の浮き沈み〟は季節の変化と同じ

ミュージシャンになるために、高校を中退した若者がいる。しかし、夢はなかなか実現できず、二十二歳になる頃には、自分の決断は間違っていたのではないか、自分の歌を聞いてくれる人は誰もいないのではないかと思うようになった。バーでピアノを弾き、一文無しで家賃さえ払えず、コインランドリーに寝泊まりするようになった。

恋人だけが心のよりどころだったが、やがて彼女は去っていった。そのために若者は正気を失った。二度とあんな美しい女性とはめぐり合えないと思い詰めるようになった。もう人生はおしまいだと、自殺を決意した。

だが、幸いなことに最後の最後で踏みとどまり、代わりに精神病院に入院することにした。

決意も新たに、長年の夢に向かって歩み始めた若者は、やがて夢を実現させた。

彼の名前は、ビリー・ジョエル。

何百万人ものファンがいて、スーパーモデルのクリスティ・ブリンクリーと結婚したビリーが、自分の音楽の質に自信を失い、最初の恋人ほど美しい女性にはもうめぐり合わないと悩んでいたとは、とても信じられない。


その時は不可能に思えても、いつかは大きな成功と幸福を手に入れられる可能性があることを覚えておいてほしい。

私がつらい思いをしていた時、**簡単に成功できないのは神の御心**によるのだと、いつも自分に言い聞かせていた。成功するには、長い目で物事を見られるよう、自分を鍛えなければならない。

そのことを肝に銘じるために、私は「人生の浮き沈み」を季節の変化になぞらえて考えることにしている。春・夏・秋・冬という季節のサイクルは繰り返され、一つの季節がいつまでも続くことはない。永遠の冬などあり得ない。

人生もまた、今は壁にぶつかっていても、いつか必ず春が来る。冬に冬眠する人もいれば、ウィンタースポーツに興じる人もいる。冬が終わるのをじっと待つのもいいが、どうせなら楽しんだほうが得ではないか。

この章でぜひとも理解してほしいのは、**自分の運命を決めるのは周囲の環境ではなく、自分の下す決断**だということだ。

どんな人でも、いつか壁にぶつかる時が来る。

しかし、壁を乗り越えると決めたら、よじ登るなり、突き崩すなり、トンネルを掘るなり、ドアを見つけるなり、方法はいくらでもある。どんなに頑丈な壁でも、「乗り越えるまで決してあきらめない」と覚悟を決めた人間の力をはね返すことはできない。

人間には不屈の精神力が備わっている。

周囲の環境に左右されず、自分の意志で人生を切り拓く決断をしたその瞬間に、あなたの人生はそれまでとは永遠に違ったものになるだろう。

3

「快感」と「苦痛」の原則

――これが人生の〝究極の原動力〟になる

人生を「なりゆきまかせ」に生きないために

意識する、しないにかかわらず、人間が行動を起こす時、そこには必ず何らかの「理由」が存在する。この「理由」が、人間関係からお金のやりくり、健康、精神状態まで、人生のあらゆる面に影響を及ぼしている。

そして、一生を通じてあなたを行動に駆り立てる「理由」——それは**「苦痛」**と**「快感」**だ。

人間が行動するのは、苦痛から逃れるためか、快感を得るためのどちらかである。

「自分の人生を変えたい」という人は多いが、「変わりたいのに、変われない自分」にイライラしたり、何をすればいいのかわからなかったりする人は少なくない。

しかし、変われない本当の「理由」は、「原因」には手をつけず、「結果」ばかりを見て対症療法を施しているからだ。

たとえば、自分の人生を変えるために必要な「やらなければならないこと」を先延ばしにしてしまうのは、なぜだろう。

その理由は簡単だ。「このまま先延ばしにするほうが、今行動を起こすより楽だから」だ。とはいうものの、先延ばしにしすぎて、「とにかくやっつけて、おしまいにしたい」という衝動に駆られたことはないだろうか。それはある時点で、苦痛と快感が入れ替わったからだ。やらずに放っておくほうが、今行動を起こすことより苦痛になったのだ。

「失敗するくらいなら、何もしないほうがまし」という心理

理想の男性や女性が目の前にいるのに、なかなか話しかけられないのはなぜか。何年もあためてきた新事業を実行に移せないのはなぜか。ダイエットを先延ばしするのはなぜか。論文を書き上げられないのはなぜか。投資先を自分で決められないのはなぜか。理想の人生に向けて行動を起こせないのは、なぜなのか。

それは、**将来成功するチャンスを逃すより、この瞬間に行動を起こすことのほうがもっと苦痛だから**だ。

勇気を奮い起こして理想の異性に話しかけても、相手にされなかったらどうしよう。安定し

た今の仕事を辞めてまで始めた新事業が失敗したらどうしよう。空腹覚悟のダイエットで減量できても、結局リバウンドしたらどうしよう。投資をして大損をしたらどうしよう。

「だったら、何もしないほうがましではないか」というわけだ。

これから何かを新たに獲得したいという願望より、現在手中にあるものを失う恐怖のほうがずっと強いのだ。

心の中の〝苦痛と快感の綱引き〟を理解する

人間の行動の理由、原動力になっている**「苦痛と快感の原則」**について話をしていると、いつも興味深い質問が出てくる。いくら苦労しても、変われない人がいるのはなぜか、というものだ。その答えは、彼らがまだ「我慢の限界」に達していないから、だ。

人間関係に悩まされた挙げ句、ついに行動を起こし、人生を変えることができるのは、それ以上我慢できない「苦痛の限界」に達したからなのだ。

一口に苦痛と言っても、「人前で大恥をかく」という強烈なものから、「ちょっと不便に感じる」「退屈する」といった些細なものまであるが、誰でも「もうたくさんだ。もう二度とこんな思いはしたくない。絶対に変えてやる」と決心したことがあるだろう。その瞬間、**今まで敵**

だった苦痛が自分の味方に変わる。

苦痛によって今までとは違う行動に駆り立てられ、今までとは違う結果を手に入れることができるのだ。

加えて、自分に変化を起こすことで人生がどんなに楽しくなるかを考えられれば、行動を起こさずにはいられなくなるだろう。

「今行動すればば未来はすばらしいものになる」「これはやるべき価値のあることだ」「もうすぐ努力が報われる」——そういう思いが「人生を変える」という決断を促す原動力になる。

私たちの心の中では、苦痛と快感がいつも綱引きをしている。行動を起こすだけの価値があるかどうかを、私たちはいつも心の中で秤《はかり》にかけているのだ。

なぜ私は〝酒と無縁〟でいられたのか

では、いったい、どんな苦痛と快感の経験があなたの人生を形成してきたのだろうか。

医師なら、医学の道に進もうと決めた背景には、「医者になったら、誇らしい気分になれる」という思いがあったのではないだろうか。今までに私が話を聞いた医師の多くは、「人の病気を治し、命を救うことが最大の喜びだ」と話してくれた。また、尊敬される社会的地位が得られるというのも、彼らの大きな動機づけとなっていた。

音楽家は芸術に最大の喜びを見出したからこそ、芸術に生涯をかけるのだ。大企業の社長は、新製品を発表し、大変革をもたらすことで社会に貢献するのが最大の喜びであり、快感なのだ。


苦痛が人生をつくるということに関しては、私と飲酒の関係がよい例だ。

私が十一、二歳の頃、母にビールが飲みたいと言ったことがある。その時、母には「子どもには毒だ」と叱られた。父がうれしそうにビールを飲む姿を見て、「ビールはいいものだ」と思い込んでいた私は、母の言葉がまったく耳に入らなかった。

そんな私の様子を見た母は、ここで飲ませなければ、私がどこかでこっそり隠れて飲むに違いないと悟った。

そこで、私に父親と同じようにビールを六本飲み干すように言った。最初の一口は、予想していたのとは全然違ってひどい味がした。母に「飲める」と宣言した手前、もちろんそんなことはオクビにも出さなかったが、三本か、四本飲み干した頃には吐き気がしてきた。そして案の定、洋服とテーブルに盛大に戻してしまった。

汚れたテーブルを掃除しているうちに、また具合が悪くなりそうになった。

この瞬間に、私の中で「ビールのにおい＝ゲロ・吐き気」というつながりが生まれた。この経験のおかげで、酒類とは無縁でいられた。アルコールは快感にはつながらず、勉強、スポーツ、ユーモア、そして他人を助けることが私の喜びの源になったのだ。

私の例からもわかるように、苦痛と快感をうまく利用すれば、人生で変えられないものなどないと言ってもいい。

人は〝知的な計算〟よりも「本能・感情」で動く

意識する、しないにかかわらず、私たちの行動は、さまざまな経験から得た苦痛や快感に支配されている。

しかし、いったい、いつどこで、自分の「苦痛と快感の原則」が条件づけられたかを覚えている人は少ないだろう。きっかけは誰かが言った言葉かもしれないし、学校での出来事やスポーツ競技で優勝したこと、恥ずかしい思いをしたこと、通信簿でオールAをもらったこと、落第点をもらったことかもしれない。こうしたすべてが、今のあなたをつくり上げているのだ。

あなたは、物事にどのような意味づけをしているだろうか。まだ独身なら、結婚を人生の墓場と見ているか、それとも生涯の伴侶との楽しい冒険と見ているだろうか。今晩の夕食をただの「栄養補給」と考えているか、一口一口味わう「至上の楽しみ」としているだろうか。

認めたくはないが、**人間の行動は知的な計算ではなく、苦痛と快感という「本能」によって決まる**。これは否めない事実である。

ダイエットも禁煙も、この〝連想〟を確立すればいい

「自分は感情ではなく理性に従って行動している」と考えたがる人は多いが、実際は思考と結びついた感情や感覚に動かされていることがほとんどなのだ。

たとえば、ダイエットをしばらく続けていると、空腹という苦痛に耐えられず、つい食べ物に手を出してしまう。そして、自己嫌悪に陥ることになる。

人間は、快感を得ることよりも、苦痛を避けることのほうを重要視することを忘れてはならない。意志の強さだけで食べ物の誘惑に打ち勝とうとすれば、ダイエットは決して長続きしない。それは、「高カロリーの食べ物を断つのは苦しい」という連想が相変わらず存在しているからだ。

ダイエットの成功には、まず「高カロリーの食べ物は身体によくない」という連想を確立して、食べる気さえ起こらないようにし、さらに「栄養価の高い食べ物が好ましい」という連想を確立しなければならない。

健康でやせている人は、「スリムな身体を維持することにまさる喜びはない」と信じて、健康によい食べ物を味わっている。量が多ければ食べ物を残すことも、「自分で食べる量をコントロールしている」ことが実感でき、かえって快感なのだ。

タバコと縁を切りたい時もまったく同じである。禁煙しようと思ったら、「喫煙は苦痛であり、禁煙は快感である」という連想を確立すればいい。これは今すぐにでもできることだが、多くの人が「禁煙はつらそうだ」と思っているので、なかなかタバコと手を切れない。

苦痛と快感をそれぞれ何と結びつけるかによって、一瞬にして行動も変えられるのだ。

〝人生の操縦桿〟を決して明け渡さない

広告業界の使命は、消費者の購買パターンを変えることだ。

広告業者は消費者が商品を買う時に「知性」より「直感」に頼ることを承知している。そのため、感性に訴える（興奮する／心が落ち着く）音楽、（スピード感のある／優雅な）画像、（明るい／地味な）色などを駆使し、見る人を特定の状態に持っていく。そして、その刺激が最高潮に達した時に、何度も商品を見せ、特定の感情と商品とが結びつくようにするのだ。

なぜペプシはコカ・コーラとの〝シェアの差〟を埋められたのか

ペプシはこの戦術をうまく使って、最大のライバルであるコカ・コーラとの清涼飲料市場のシェアの差を縮めることに成功した。ペプシは、歌手のマイケル・ジャクソンの人気に注目したのだ。

ペプシはマイケルの歌と踊りが醸し出す「高揚感」と「コーラ」とを結びつけられないかと考えた。

そこで、マイケル・ジャクソンを登場させて観客の気分を盛り上げ、最高潮に達したところでペプシの映像を見せた。このコマーシャルを繰り返し見た何百万人ものマイケル・ジャクソンのファンは、「高揚感といえばペプシ」と連想するようになった。実際には、マイケル自身はペプシなど飲まないし、缶を持つ姿を撮影することさえ承諾しなかったというのに。

繰り返すが、広告で重要なのは、**特定の感情と商品とを結びつける**ことだ。「この商品を使えば、理想の自分に近づける」と思わせるのが目的なのだ。

「達成するだけの価値」がある目的に〝苦痛〟はつきもの

広告業者は、商品から連想する感情を変えれば、購買行動を変えられることを知っている。

そして、**自分の感情をコントロールするとは、いわば自分の心の中に広告を出すようなものだ。**

それを一瞬で実行するには、感情が高まった状態で「やめたい行動」と「苦痛」とを結びつけ、その連想が心に焼きついて離れないようにすればいい。

誰にでも、もう二度とやるものかと誓った行動がいくつかあるだろう。その行動からどんな感情を連想するか考えてほしい。今やめたいと思っている「行動」と、その「感情」を結びつけることができれば、その行動も二度としなくなるはずだ。その後で、「自分が身につけたい行動」と「快感」となる感情を結びつけてやればいい。

変化を生み出す第一歩は、「苦痛と快感」が人間の「行動」に大きな力を及ぼしていると認識することだ。考え、言葉、イメージ、音楽はそれぞれに、快感なり苦痛なりとさまざまにつながっていると理解しておくこと。

どういう行動を身につけるかを決める時に問題になるのは、多くの場合、ついつい目先の苦痛や快感に気を取られてしまうことだ。

ところが、**成功するために重要なことは、一時の苦痛を乗り越え、長期的な喜びを手にすること**なのだ。

達成するだけの価値がある目的は、一時的な苦痛を克服しないと実現できない場合が多い。

健康な身体になりたければ、一時的な苦痛をものともせず、運動して身体を鍛えなければならない。運動は続けているうちに、どんどん楽しくなってくる。ダイエットも同じだ。一時的な苦痛を克服するという点では、仕事、人間関係、信頼、運動、お金のやりくりでも同じだ。

どうやって一時的な苦痛をこらえ、目標達成に向けて動き出せばいいのか。

まずは「苦痛に負けない」と決断すること。一時的な苦痛に負けない決断をするのはさほど難しくないが、できれば、苦痛に反応しないように自分を条件づけしたい。

それについては、5章で詳しく述べるつもりだ。

4

成功を「脳」に条件づける法

——なぜ、問題が「たちどころに解決してしまう」のか

Awaken the Giant Within

必ず結果を出す「ＮＬＰの威力」

記憶の糸をたどっていくと、私は他人の人生を変える手助けをしたいと、いつも願っていた。まだ幼いうちから、**「自分が変わらなければ、人が変わるのを手助けすることはできない」**ことも本能的に知っていた。中学に入った頃から、人間の感情や行動を変える助けとなる知識を求めて、本を読んだり自己啓発のテープを聞いたりしていた。

学べば学ぶほど、もっと深く追究したいという欲求に駆られた。人の感情と行動に影響を与える方法を探求することが〝第二の天性〟のようになっていった。速読をマスターして、次から次へと本を読み漁り、ほんの数年間で、自己啓発や心理学、精神的な成長に関する本を七百冊近く読破した。

人生の質を高めるのに役立つ知識は何でも吸収したかった。そして、学んだことは、どんどん人に教え、自分の生活でも実践していった。

本や自己啓発テープだけでは飽きたらず、まだ高校生だったが、お金を貯めては、人間的成長を目的としたセミナーにかたっぱしから出席したものだ。これをある程度長く続けていると、当たり前だが、どのセミナーも手を替え品を替え、同じメッセージを繰り返しているだけだと感じるようになった。斬新な考えはどこにも見当たらず、うんざりしてきた。

二十一歳になった頃、短期間で効果の出るゲシュタルト療法、エリクソンの催眠療法、神経言語プログラミング（NLP）といった方法に触れる機会を得た。これらの手法を使えば、以前は結果が出るまで何カ月、何年もかかっていたのが、ものの数分ですむことを知って、熱烈に支持するようになった。そこで、自分の時間とお金をすべて注ぎ込んでこの手法を学び、学ぶ先からどんどん実践していった。

〝本気の決心〟の前に「小賢しい分析」は不要

NLPのトレーニングを始めた最初の週のことは忘れられない。長年抱えてきた恐怖症を治すのに、伝統的治療法では五年以上かけても治せなかったのが、NLPでは、なんと一時間たらずで解決できたのだ。

訓練五日目に、私が、「ちょっとみんな、恐怖症の患者を見つけて、治してあげようじゃないか」と言うと、教室にいた精神科医や精神分析医に白い目で見られた。

そして、子どもを諭すような口調で、「君は学歴がないので知らないだろうが、まず六カ月の訓練期間を修了し、資格試験に合格して初めて、この手法を使って治療を始められるのだ」と言われた。

しかし、六カ月の訓練も資格試験の合格も待つつもりなど毛頭なかった私は、カナダのテレビやラジオに出演し始めた。

私はそこで、人生を変えるこれらの手法について説明すると同時に、長年苦しんできた恐怖症や悲観的な考え方であっても、「本気で人生を変えよう」と決心すれば、ものの数分で変えられると力説した。**「変化は一瞬にして起こる」**ことを熱く語ったのだ。その後アメリカにも範囲を広げた。

「人間の脳がどう働くかを本当に理解すれば、自分の人生が冴えない理由を長々と分析する必要などなくなる。苦痛と快感から何を連想するかを変えるだけで、一瞬にして人生を自分の力で変えることができる」というのが私の主張だった。

これが革新的な考えだったのは言うまでもない。

お察しの通り、博士号も持たない若造が、ラジオでこのような主張を展開していたのだから、伝統的な教育を受けた精神科の医師からは快く思われなかった。中には公然と私を批判する医師もいた。

精神科医が七年間、治療してきた患者が瞬時に完治

しかし、私にはすばらしい技術があった。それは、人間行動の本質を理解した上で、人生を変える優れた技術だ。従来の精神分析医に、このような技術の訓練を積んでいる人はほとんどいない。私の考え方に賛同して、本気で限界に挑戦してくれる人であれば、その人の「どんなことでも変えられる」確信があった。

私をペテン師呼ばわりし、私の主張は偽りだと、厳しく非難した精神科医がいた。そこで、私の理論を疑うのをひとまずやめて、今まで何年治療しても一向によくならなかった彼の患者を、私のやり方で治療させてほしいと申し出た。

無謀とも言える依頼だったから、もちろん最初は拒否されたが、最終的には精神科医の了承を得、その患者に私の無料セミナーに出席してもらい、聴衆の目の前で私のやり方を試してみ

ることになった。

そして、私はたった十五分で、彼女のヘビ恐怖症を治してしまった。私を攻撃していた精神科医が七年以上治療しても治せなかった患者だったから、開いた口がふさがらないほど彼が驚いたのは言うまでもない。

この実例は、私の信念を支える強固な脚となった。そして、この成功の勢いに乗って、変化が一瞬で起こることを、全国各地で実演して見せた。どこに行っても、聴衆は最初疑わしそうな顔をしていた。

しかし、劇的な変化を目の当たりにすると、誰もが興味を持ち、注目し、私の方法を応用して自分の人生を変えたいと思うようになったのだ。

「他力本願」では人生にエンジンがかからない

初めての著書『一瞬で自分を変える法』が出版されて間もないある日、サンフランシスコのセミナーの後に、本にサインをしていた時のことだ。

サインをほしがる最後のグループが立ち去った後、一人の男が近寄ってきて、「私を覚えていますか」と話しかけてきた。残念ながら記憶になかったが、しばらく顔を見つめていたら、はたと思いあたった。「ニューヨークで個人面談をして、禁煙のお手伝いをした方ですね」と言うと、男性はうなずいた。

「もう何年も前ですが、禁煙は今も続いていますか」と尋ねると、男性はポケットからマルボロの箱を取り出し、咎《とが》めるようなまなざしで、「あなたの方法は失敗した」と言い放った。そして禁煙の失敗は私のせいとばかりに、長々と文句を言い始めたのだ。

彼の言葉に、私が危うく自信を失いかけたのは事実だ。なぜ失敗したのか。私は自分の能力や技術を過大評価していたのだろうか。

「禁煙は一週間も続かなかった」という答えを予想しながら、「面談の後、何が起こったのですか」と尋ねた。しかし、たった一時間の面談の効果で、禁煙が実に二年半も続いたことがわかった。

ところが、ある日何気なくタバコを手にしたのをきっかけに、一日四箱を吸うヘビースモーカーに逆戻りしてしまったというのだ。そして「変化が続かなかったのは、すべて私の責任だ」と、この男は主張しているのだ。

考えてみれば、この男の主張がまったく理不尽なものというわけではなかった。私は「神経言語プログラミング」(NLP)と呼ばれる手法を用いたが、「プログラミング」という言葉は、「私があなたをプログラムし直して、問題がなかったことにしてあげます。あなたは指一本動かす必要はありません」という意味に取れないこともない。

「人を助けたい」という強い衝動に駆られる自己啓発業界のリーダーたちがよく犯す過ちを、私も犯していた。「他人を変化させるのも自分の責任」という誤った考え方をするようになっていたのだ。

「リバウンド人生」を防ぐために

「プログラミング」という言葉は的確でないと考えた私は、「コンディショニング」（条件づけ）という言葉を使うことにした。「永続的な変化」を、より正確に表現しているからだ。

コンディショニングという言葉が私の技術を表現するのにふさわしいという思いは、数日後にピアノ調律士と話をして確信に変わった。

妻のグランドピアノを調律しにきたこの男は本物のプロだった。何時間もかけて調律し、調律後のピアノの響きは完璧だった。料金はいくらかと尋ねると、

「明日また来る時に請求書を持ってくるから、今日は払わなくてもいい。明日もう一度調律したら、その後は週一回のペースで一カ月続ける。海が近いので、それ以降も三カ月に一回は調律が必要だ」

と言われた。

なぜ、そんなに頻繁に調律する必要があるのかと尋ねると、彼はこんな言葉を返してきた。

「ピアノの弦は強いから、完璧な音が定着するまで、定期的にコンディショニング（弦の調

整）を続ける必要がある」

この言葉を敷衍《ふえん》すると、**変化を長続きさせるには、変化を起こした直後に、元に戻らないよう補強する必要がある**ということだ。たとえば、エアロビクスのクラスに一回出ただけで、「これで、一生スマートで、健康でいられる」と思う人はいないだろう。

感情や行動も同じで、〝定期的な調整〟が欠かせないのだ。

私が開発した科学的手法である「神経連想コンディショニング（Neuro-Associative Conditioning）」（以下、英語の頭文字を取って、ＮＡＣと呼ぶことにする）については、次章で詳しく見ていくことにしたい。

自分を〝その気〟にさせる「三つの信念」

1章で、「信念を変えなければ、永続的な変化を生み出すことはできない」と書いた。素早い変化を望むなら、まず、「今この瞬間にでも、自分は変われる」と信じること。「一瞬にして変われる」という信念を持つことが大事なのだ。

変化は起こるべくして起こる。それが今であってはいけない理由はない。結局、自分がその気になりさえすればいいのだ。自分が自分のよき相談役となって、「いかに生きるべきか」をマスターしていくのだ。

そのためには、次に挙げる三つの信念を身につけることだ。

①「絶対に変わらなければならない」

「変わるべき」でも、「変わるかも」でもなく、「絶対に変わらなければならない」と信じること。「やせるべきだ」とか、「先送りにするのは悪しき習慣だ」とか、「人間関係をよくすべきだ」という表現をよく聞くが、「すべき」といくら繰り返しても、一向に変わりはしない。「しなければならない」状況に陥って初めて、人生の質を変えるために行動を起こせるのだ。

②「自分の力で変えなければならない」

変化を起こすのは「自分」だと考えること。そうでないと、誰かが変えてくれるのを待っているか、失敗しても自分の責任ではなく、人の責任にしてしまう。自分で責任を持って起こした変化でなければ、決して長続きしない。

③「自分は変わることができる」

「変わることができる」と信じなければ、成功のチャンスはゼロに等しい。

この三つの信念なしには、どんな変化を起こしても、決して長続きしない。

勘違いしないでほしいのだが、私は決して優秀なコーチ（専門家、セラピスト、カウンセラーといった経験豊かな人）の意見を聞くことが間違いだと言っているのではない。

ただ、減量であれ、禁煙であれ、恐怖症の克服であれ、**自分の人生に変化を起こせるのは、**

ほかでもない「自分」だけなのだ。

「脳」は〝感情の強さ〟に応じて動く

目標達成に向けてせっかく努力し始めたのに、すぐ途中で投げ出してしまうことがある。そんな時は、その目標に対して相反する考えや感情を抱いていることが多い。たとえばビジネスを始めてみたものの、浮き沈みが激しいという場合は、「苦痛」と「快感」という相反する感情をビジネスに結びつけていることが多い。

お金に対して相反する感情を抱いている人も多い。誰でもお金はほしい。お金があれば、もうお金の心配はしなくていい、経済的に安定する、社会に貢献できる、旅行も好きなだけできる、好きなことを学べると、肯定的な面はたくさんある。

だが、その一方で、金持ちは強欲で信仰心や道徳心に欠けるという先入観、否定的な連想を持つ人は少なくない。だから、お金を儲ける人が非常に少ないのだ。

「ファイナンシャル・デスティニー」というお金に関する私のセミナーでは、出席者に最初に、お金に関する肯定的・否定的な考えや感情を全部書き出してもらう。

肯定的な連想としては、経済的自由、贅沢三昧、慈善団体への寄付、幸福、安心、旅行、チャンス、社会貢献といった項目が出てくる。否定的な連想としては、夫婦喧嘩、心配、罪悪感、眠れない夜、大変な苦労、強欲、自己満足に陥る、富だけで判断される、税金といった項目が出てくる。

このように、一つのテーマに対して相反する感情や考えを抱いていると、脳は解釈に困り、混乱してしまう。その結果、目標達成に必要な「断固とした行動」がとれず、途中で勢いを失ってしまうのだ。

脳は意思決定をするプロセスで、この行動は苦痛なのか快感なのか、いわば「秤にかける」のである。

脳にとっては「感情の強さ」がとても重要なのだ。

お金に関して肯定的な考えをいくらたくさん持っていたとしても、非常に強烈な否定的感情が一つあると、それだけで脳の秤はマイナスに傾いてしまう。そのため、経済的成功は望めないことになるのである。

5

人生を自在に操る法

——この六ステップで〝まったく新しい自分〟に出会う

Awaken the Giant Within

自分の「行動パターン」を変える法

「自分の行動を変えたい」と思ったら、効果的な方法は一つしかない。「手を切りたい行動」には耐えがたいほどの苦痛を結びつけ、新たに習慣にしたい行動にはダイレクトで、想像を絶する快感を結びつけるのだ。

この章では、NAC（神経連想コンディショニング）の六つのステップを使って、「苦痛」から効果的に脱却し、途中で挫折することなく「快感」を手に入れる手っ取り早い方法をお伝えしていこう。

①「心からほしいもの」に意識を集中する

私の個人カウンセリングの経験から言うと、「心からほしいものは何か」と聞かれると、人は、

「ほしくないもの」や「もう経験したくないこと」について二十分も話し続ける。人生では自分が注目したものが自然と引き寄せられるので、ほしくないもの、経験したくないことばかり考えていると、かえってそれを引き寄せてしまう。

変化を起こす最初のステップは、自分が本当にほしいもの、**つまり行動の目標を決めること**だ。目標が具体的であればあるほど、達成までにかかる時間も短くなる。

また、何が目標達成を邪魔しているかを考えることも重要だ。私たちは、「現状に甘んじる」より「変化を起こす」ほうが大変だと考え、変わることに尻込みしがちである。失敗への恐怖や将来の不安は「心からほしいもの」から私たちを遠ざける典型的な例だ。

②「今すぐ」変化を起こすための〝理由〟を見つける

自分を変えたいと思っているのに、最初の一歩が踏み出せずにいる人がなんと多いことか。だが、変われるかどうかは、その人の「能力の問題」ではなく、「意欲の問題」なのだ。

今、この瞬間に変化を起こすには、**「変わらずにはいられない」という強い緊迫感**をつくり出すしかない。

しかし、多くの人は、相反する感情や思考の狭間で身動きがとれなくなっている。「タバコのせいでガンになるのはいやだ。でも禁煙してもガンになるかもしれないのに、タバコの快感をあきらめることはないんじゃないか……」といった具合だ。

どうすればこの矛盾を解決できるのか。一つの方法は、「苦痛の限界」を経験することだ。痛くて痛くてもう我慢できなくなれば、脳は「こんな思いはもうたくさんだ。あと一日、いや一秒だって我慢できない」と悲鳴を上げ、その場で変わろうとする。

たとえば、人間関係で我慢の限界に達した経験はないだろうか。

今のパートナーと一緒にいても全然楽しくない。だったら別れればいいのに、なぜそうしなかったのか。たぶんあなたは、「そりゃあ、今は不幸せだが、この人と別れても、もっといい人が見つかるとは限らない。今はつらいけど、なんとかやっていける」と考えたに違いない。

こうした考え方が、変化を起こそうという決意の邪魔をするのだ。しかし、ついに、「腐れ縁を断ち切って、一人になるほうがましだ」と思う日がやって来る。そして〝痛みの限界〟に達したあなたは変化を起こすのだ。

健康についても同じで、自分の太った身体にもう一日も我慢できないと思った時に、初めて行動を起こすものだ。お気に入りのジーンズが入らないとか、階段を上る時に股ずれするとか、贅肉が垂れ下がった自分の姿に嫌気がさしたとか、具体的な経験が引き金となるのだ。

変化を起こす〝レバレッジ・ポイント〟とは

テコは、重い物を手でこじ上げるのに使う棒のことだ。テコの原理（レバレッジ）とは、「少ない労力で大きい効果を上げる」という意味だが、この原理を利用すれば、喫煙、飲酒、過食といった問題行動から、憂うつ、不安、恐怖、無力感といった感情のパターンまで、変えられないものはない。

今までに何度も自分を変えようと試みて失敗してきた人は、変われなかったことで受ける苦痛が弱すぎるのだ。人生を変える究極のレバレッジ・ポイントとなる「苦痛の限界」に、まだ達していないのだ。

私の個人カウンセリングは、「長年精神分析を受けても変われなかった人を一回の面談で変える」というふれ込みで話題になっていたから、**変化を起こすための最大のレバレッジ・ポイントを見つける**ことが必要不可欠だった。

そこで面談の前には必ず、「今ここで変わる固い決意のない人には、何もしてあげられない」と宣言した。一回の面談で三千ドルという料金を設定したのは、一回の面談だけで変わろうという決意のない人に無駄な投資をさせたくなかったからだ。

わざわざ飛行機で来る人も多く、「こんなにお金を払ったのに、このまま追い返されてはたまらない」とばかりに、皆、自分の変わる決意がいかに堅固かを、三十分以上かけて滔々《とうとう》と話すのだった。

こうなれば、変化が起こるのは時間の問題だ。哲学者、ニーチェの言うように、**「明確な理由があれば、必ず道は拓ける」**のだ。変化が必要な「明確な理由」さえ見つけられれば、何年にもわたり繰り返し変わることに失敗してきた人でも、一瞬で変われるのである。

〝現状〟に甘んじてきた代償は何か?

自分のレバレッジ・ポイントを知るには、**苦痛を喚起する質問**をするといい。

「変わらなければ、どんな負担を強いられるか」

自分を変えたいと思う時、そのことでどんな代償を支払うことになるかばかりを心配する人が多いが、変わらなかった時の代償も考えてみてほしい。

「今変わらなければ、いったい人生で何を失うことになるのか。精神的、感情的、物理的、経済的に、過去にどのような代償を支払ってきたのか」

これまであなたが現状に甘んじてきたことの代償を、激しい痛みとして感じられれば、これ以上、変化を先延ばしにすることはできなくなる。

それでもまだ苦痛が足りないというなら、自分が変わらなければ家族や友人など、自分にとって大切な人たちに、どのような影響があるかを考えてみるといい。自分のためにはできなくても、大切な人のためになら、できることがよくあるからだ。自分が変われなければ、最愛の人たちにどんな悪影響が及ぶかを、臨場感をもって思い浮かべてほしい。

「人生を変える」とどんなメリットがあるか？

苦痛を喚起する質問をした後は、**快感を喚起する質問**をして、変化と好ましい感覚とを結びつけよう。

「もしここで変われれば、自己イメージがどんなに改善するか。人生に変化を起こすことができれば、どんなエネルギーが生まれるか。この変化を今日起こせれば、他にどんなことが達成できるか。家族や友人は変化をどう受け止めるか。自分はどれだけ幸福を感じられるだろう」

ここで重要なのは、なるべく多くの快感につながる理由を考えることだ。

できれば、**「いつかそのうち」ではなく、「今すぐ」変化を起こさなければならないと得心のいく理由**をそろえよう。

「現状に甘んじること」と「苦痛」を、「変わること」と「快感」を結びつけ、絶対に変わりたいという意欲をかき立てたなら、第三のステップに進もう。

③「これまでの習慣」と「苦痛」を結びつける

「同じことを繰り返していながら、違う結果を期待」してしまうことがある。

部屋に閉じ込められたハエを見たことがあるだろうか。明るい窓に向かって飛んでいき、外に出ようとしてガラスに何度も何度もぶつかっていく。時にはそれが何時間も続く。

人間もこれと同じ状況に陥ることがある。絶対変わると決心し、どんなに意欲満々で頑張っても、「結果」が出ていないなら、「やり方」を変えるしかない。

〝パターン中断法〟で脳に新しい回路をつくる

お決まりのパターンを中断するには、自分がそれまでしたことのない、突飛なことをするのが一番だ。イライラしたり、不安になったり、戸惑ったりした時に、そのパターンを中断する面白おかしい方法はないものだろうか。

たとえば、今度、憂うつな気分になってきた時は、ジャンプしながら、空を見上げて「バンザイ！　今日は足が臭くないぞ」と馬鹿みたいな大声で叫んでみる。

くだらないと思うだろうが、やってみると自分の焦点が一瞬にして変わり、感情の状態も一転し、あなたがもう落ち込んではいないことが周囲の人にも伝わる（ただし、頭のネジがちょっとゆるんでいると思われるかもしれないが！）。

もし食べすぎないようにしたいと思うなら、やる気さえあれば必ず効き目のある方法を教えよう。

レストランで食べすぎている自分に気づいたらすぐに、レストランの真ん中へ行って飛び上がり、自分の座っていた椅子を指して、大声で「このブタ！」と叫ぶのだ。これを人前で四、五回やったら、絶対に食べすぎなくなる。「公衆の面前で恥をかく苦痛」と「食べすぎ」とが結びつくからだ。

このように、突拍子もないことをするのは、自分の悪いパターンを断ち切る方法として効果的である。

④「新しい習慣」と「快感」を結びつける

変化が長続きしない最大の理由は、多くの場合、古いパターンに取って代わる「新しいパターン」を見つけられないためである。

「何としても人生を変える」と決断し、古いパターンには苦痛を、変化には快感を結びつけるところまでは成功する人は多い。だがその後で、古いパターンの代わりになる新しいパターンが見つけられないのだ。

たとえば、禁煙に成功したら、喫煙から得ていたのと同じ快感を得る健康的な方法（一つとは限らない）を見つけなければならない。

喫煙、飲酒、心配性といった習慣を断ち切った後、どうやって苦痛を避け、快感を得たらいいかわからない時は、経験者に話を聞いてみると、答えが見つかることが多い。

私の友人は、噛みタバコという感心しない悪習慣と手を切る際に、「自分が創立したコンピュータソフト会社の経営」と「快感」を結びつけ、それに全身全霊で打ち込むことに決めた。会社は成功し、ウォール街一のソフトウェア会社に成長した。

また、理想の女性を見つけることができ、そのことで、この世の何物にも代えがたい幸福感を経験できることを学んだ。

古い習慣のパターンを崩すだけで終わってしまうと、それに取って代わるあまり感心できないパターンを脳が勝手に見つけてきてしまう。禁煙して太る人が多いのは、そのためだ。脳が喫煙と同じ快感を得ようとして、食べすぎてしまうわけだ。だから、新しい行動と感情のパターンを意識的に選択することが、非常に重要になるのである。

⑤「条件づけ」で新しい習慣を定着させる

次のステップは、新しい行動を強化するスケジュールを立てることだ。短期的な目標をいくつも設定し、一つ実現するたびに自分にご褒美をあげよう。

禁煙であれば、禁煙一周年を待つ必要はない。一日続いただけでも、自分にご褒美をあげよう。

ダイエットであれば、「四十キロやせたら」などと言わずに、一キロ、いや、そこまで待つ必要もない。皿に食べ物を残せただけでも、自分を誉めよう。

いつも憂うつになる人は、笑顔で人と接することができただけでもいい。心配性の人なら、くよくよせずに、実際に行動できたら、それでいい。

たとえささやかなことでも、すでに永続的な変化を起こすための一歩を踏み出しているのだから、誉められて当然なのだ。どんちゃん騒ぎをしてもかまわない。

自分に肯定的なフィードバックを与え続けることで、新しい感情や行動のパターンは強化され、やがては条件反射に近い無意識の反応になるのである。

「快感」をすかさずリンクさせる

また、条件づけを効果的にするには、何よりもタイミングが大切である。

たとえば、バスケットボールでシュートを入れた瞬間に「いいぞ！」と声をかけるほうが、試合後にロッカールームで誉めるより、ずっと効果がある。

また、恋人や親しい人から、もっと電話してほしいと思うなら、実際にかけてきてくれた時には、喜んで応対すべきだ。「しばらく話せなくて寂しかった」「愛している、気にかけていた」「電話をかけてくれて本当にうれしい」と言えば、相手はまた電話しようという気になる。

恋人からしばらく電話がかかってこなくてやきもきしていた時に、やっとかかってきた電話で喜びの言葉をかける代わりに、ガミガミと文句を言っていないだろうか？　これでは、相手が電話をかけてこないように訓練しているのとまったく同じだ。

相手に繰り返してもらいたい行動には、「快感」をすかさずリンクさせることだ。


条件づけで一番大切なのは、期待通りの行動ができたら、その場で快感を強化することである。今まではあからさまにイライラしていたことにも、笑顔で対応できるようになったら、そのパターンを強化する。もう一度同じことができたら、さらに大きな快感と結びつけ、気分がよければ笑ってみよう。

繰り返しになるが、どんな感情や行動のパターンでも、絶えず褒美を与え、強化し続けると、無意識の条件反射となっていく。

これで五つのステップが達成できたので、いよいよ最後のステップに進もう。

⑥この〝テスト〟に合格すれば、もう大丈夫

あなたが「手を切りたい行動」とおさらばするための最後に残ったステップは、新しいパターンが今後も有効かどうかテストすることだ。

一つの方法として、NLPで教えている「フューチャーペーシング」がある。たとえば、以前、イライラさせられた状況を思い出して、今もイライラさせられるか、それともまったく影響を受けないか確かめるのだ。

もし、今でも困ったことがあるたびにタバコを吸いたいと思うなら、そうした状況を想像して、タバコを吸う代わりに、読書やジョギングをしたいと思うかどうか試してみる。

古いパターンの引き金となった刺激を想像してみて、無意識に新しい肯定的パターンが出てくるのが確認できれば、今後も古いパターンに逆戻りする心配はない。

ＮＡＣの六つのステップは、人間関係やビジネス上の問題、子どもに自分の部屋を掃除させる、結婚生活の質を向上させる、企業全体の質を向上させる、自分の仕事をもっと楽しめるようにする、この国をもっと住みやすい場所にするなど、実にさまざまな場面に応用できる。

これでＮＡＣの変化ステップをすべて学んだ。あなたも、ぜひ実際に応用してほしい。

6

「一つの質問」が人生を支配する

——いつもどんな言葉を自分にかけているか

Awaken the Giant Within

「適切な質問」が「黄金の答え」を引き出す

ここまで、私たちは「信念」がどのように人の判断や行動、そして人生に影響を及ぼすか、さらには最終的な運命を決するかについて学んできた。

あなたが今、手にしている人生とは、考え方、すなわち、脳が物事をどう評価し、どのような意味づけをしてきたかの「結果」にすぎない。

つまり、「自分の現実」を形づくっているものを明らかにするためには、**「自分はどのように考えているか」と問いかける必要**があるのだ。

めざましい成果を生み出し、成功を手にできる人がいる一方、恵まれた環境にありながら、不平不満ばかりの人生を送る人がいる。

そこで私は「私の人生が他の人の人生と違っているのはなぜか」と考えた。私がたどり着いた答えは、**「経験したことをどう解釈し、評価するか」の違い**であるというものだった。私はいくつかの質問を考えた。

どのように評価すればいいのか。
そもそも評価とは何なのか。
今、私は評価しようとしているのか。
私はいったい今、何をしようとしているのか。

このように自問しているうちに、考えるということは、自分に問いかけ、それに答えるプロセスにほかならないことが、次第にはっきりしてきた。

「質問の質」が「人生の質」を決める

考えてみれば、私たちは日がな一日、自分に質問をし、それに答えているようなものだ。したがって、生活の質を向上させたければ、日々の習慣について自分に問いかけることだ。質問することで焦点が定まり、自分の考えや感情が明確になる。

つまり、**質問の質が人生の質を決める**のだ。このことは、ぜひ肝に銘じておいてほしい。ビジネスであれ、人間関係であれ、有益な答えを引き出せるような「適切な質問」ができるかどうかが重要な鍵なのだ。

たとえば、自動車がまだあまり普及していなかった時代、多くの自動車メーカーの最大の関心事は車の性能の向上だった。

しかし、ヘンリー・フォードだけは、「どうすれば自動車を大量生産できるか」と考えた。この質問がフォードの飛躍を決定づけたのだ。

私はどんな分野においても「質問」こそが人類をここまで進歩させてきたと確信している。

「脳」という最新鋭コンピュータの使い方

人並み外れた才能を持った人を見ると、「なんて運がいいんだろう。生まれつきそういう能力が備わっているなんて」と思う人は多い。

しかし現実には、最新鋭のコンピュータよりも高速度で大容量で高い性能を持つ「脳」をすべての人が等しく持っている。

ただし、インストールされているアプリケーションやデータの使用法がわからなければ高性能のコンピュータも宝の持ち腐れになるように、脳も正しい使い方がわからなければ同じことになる。

そして、**「脳」を適切に使うための鍵が「質問」**なのだ。

人間関係、年収……すべては「自分への質問」しだい

どういう質問をするかで、人の性格さえも違ってくる。たとえば、いつも憂うつな人は、いつも気分が滅入るような自問を繰り返しているものだ。これでは、感動的な経験はなかなかできないだろう。しかし、こういう人でも一瞬で感じ方を変えられる。**質問のしかたを変えればいい**のである。

落ち込むのは、世の中がいやになるような質問を自分に投げかけているからだ。たとえば、何か仕事を与えられた時、

「何の意味があるんだ。どうせうまくいかないんだから、努力しても無駄だろう。なんで私がやらなければならないんだ」

と思ったとする。こんな時も、脳は律儀に答えを返してくることを忘れないでほしい。「どうしようもない質問」をすれば、「どうしようもない答え」が返ってくるのだ。

つまり、「どうしてうまくいかないんだ」と問いを投げかけられると、正しい答えなどない場合でも、脳は「あんたが馬鹿だからだよ」とか、「それだけの器量がないからだよ」とか、

なんとか答えをでっち上げて返そうとするのだ。

人間関係から年収まで、人生のほとんどすべては質問によって決定づけられる。たとえば、人間関係でつまずく人は、相手のことを疑うような質問ばかりを思いつく。

「この世には、もっとすばらしい女性がいるのではないか。彼女とつき合っていたら、運命の出会いを逃してしまうのではないか」

そんな質問ばかりしていたのでは何も前に進まない。そうではなくて、

「彼女のようなすばらしい女性と人生を分かち合えるなんて、どうしてこんな幸運に恵まれたんだろう。僕は妻のどういうところが好きなんだろう。二人で生きていけば、どんなに人生が豊かなものになるだろう」

と自分に問いかけてみるのだ。

落第生だったアインシュタインが偉大な思想家になり得たのも、明確かつ系統立った質問を自分に投げかけていたからだ。

初めて時間と空間の関係を解き明かそうとした時、アインシュタインは「一見、同時に起こっているように見える現象が、実際にはそうではないということがあり得るだろうか」と考え

た。

たとえば、数キロ離れたところから衝撃音が聞こえてきた場合、実際に音が発生した時刻と音を聞いた時刻は一致しない。

また、「きれいな女の子と一緒にいると、一時間が一分のように感じられるが、熱いストーブの上に座らされると、一分が一時間のように感じられる」ものだが、アインシュタインはこの考え方を物理の世界にまで敷衍させ、相対性理論を打ち立てたのである。

アインシュタインが自分に投げかけた問いは、単純だが、効果的だった。同じように、簡単で効果的な質問によって、あなたも自分の才能を発揮できるはずだ。

“魔法のランプ”から「望むもの」を取り出すコツ

人間の脳は、魔法のランプの精のように、ほしいものは何でも与えてくれる。だから、質問のしかたには十分に気をつけなければならない。

多くの人が「幸福な、健康な、裕福な、賢明な」生き方ができないのは、質問をしたら答えが必ず返ってくるとは信じていないし、能力を引き出すための問いかけを意識的にすることもないからだ。

典型的なのは、減量したいけれど「できない」という人だ。こういう人は「減量できない」のではなく、「食事方法が間違っている」だけなのだから、自分への問いかけを変えてみればいいのだ。

「腹一杯にするには何を食べたらいいか」とか「甘くて、こってりしていて、太らない食べ物はないか」と考えていては、脂肪と糖分たっぷりの食事に手を出してしまい、事態を悪化させるばかりだ。

そうではなく、「栄養価の高いものは何か」「油っこくなくて、十分なエネルギーを与えてくれる食べ物は何か」「血液さらさらか、ドロドロか」などと問いかけてみるといい。

もっといいのは、「これを食べたら、何をあきらめなければならないか。好き勝手に食べ続けていたら、どんなツケが回ってくるだろう」と自問自答することだ。

質問のしかた一つで人生は大きく変わる。その答えが精神的な高揚をもたらし、人間としての成長を後押ししてくれるような質問をしよう。

ここで、質問の「三つの効果」について見ていくことにしよう。

①「焦点の当て方」を変える

「なんでこんなに気が滅入るんだろう」とか、「どうしてみんなに嫌われるのかしら」といった質問を投げかけているうちは、とてもではないが前向きには生きられない。

現状を打破するためには、「幸せで、人から好かれる人になるためには、どこを変えればいいのか」と考えなければいけない。最初は、あなたの脳も「どうしようもないですよ」と答えるかもしれないが、信念と期待を持って問い続ければ、やがてはあなたにふさわしい答えを返してくるだろう。

「私は幸せだ、私は幸せだ、私は幸せだ」と言い続けることで気持ちを高め、その結果、心の状態を変える方法もあるが、現実には、効果的に気分を変えることは難しい。本当に気分を変えてくれるのは質問である。

「今、私はどんなことを幸せと感じているのか。自分がそうしたいと思えば、幸せになれるのか。どうすれば幸せになれるのか」

絶えずこう問いかけていれば、自分を幸せな気持ちにしてくれるものだけを見て、自分は本当に幸せなのだと確信できる。

このように、**質問によって意識の焦点の当て方が変われば、一瞬で自分の感じ方を変えられるのだ。**

こうして私は〝怒りの感情〟と手を切った

私の例を紹介しよう。私の元共同経営者が、本当は私がつくり上げた教材を、すべて自分がつくったものだとセミナーで宣伝していたのが発覚した時のことだ。

その時、私は、「何てことをするんだ。いったいどういうつもりなんだ」と思ったが、すぐに気づいたのは、そんな答えのない質問をしてみても怒りがこみ上げるだけで、何の解決にもならないということだ。すんだことはすんだことだし、あとは弁護士に任せて、「苦痛と快感の原則」に従って元共同経営者に道理を理解してもらうしかない。

そこで、自分の心の状態を変えるための質問を考えてみることにした。

「この男に尊敬できるところはあるか」

最初、私の脳みそは「あるわけがない」と悲鳴を上げた。そこで質問を変えた。

「尊敬しようと思えばできるところは、どんなところだろう」

そして、ようやく答えを受け取った。

「たしかに、あの男は何もせずに漫然と座っていることはなかった。少なくとも、私が教えたことはよく守って、頑張っていたな」

この答えには笑った。おかげで堂々巡りをやめて、心の状態を変えることができたのだ。

ウォルト・ディズニーのユニークな〝アイデアの泉〟

ウォルト・ディズニーも「質問」を生かすのがうまかった。これは、ディズニー社で脚本を書いていたことのある私の祖父に聞いた話だが、ディズニー社では新しいプロジェクトがスタートすると、ユニークな方法で新しいアイデアを集めていたらしい。

まず壁一面に紙を張り出し、「どうすれば、プロジェクトはもっとよくなるか」という質問をし、その答えを社員全員に書き込んでもらうのだ。すると、次から次へと答えが書き込まれ、壁中がアイデアでいっぱいになる。それから、ディズニー自ら、社員全員の提案を検討する。

この方法で、ディズニーは社員の能力を引き出し、その提案をもとにさまざまな作品をつくり上げていった。

どういう答えを手に入れられるかは、**「質問の質」**によって決まる。たとえ腹が立ってしかたのないことに直面しても、あなたが常に学ぶ姿勢を失わない人で、「この状況から何か学ぶべきことはあるか」と質問すれば、脳は、喜んで答えを見つけようとするだろう。

今、**心の底から幸せだと感じるのはどんな時か。**そう自分に問いかけてみると、内側から力がみなぎってくるはずだ。人生で本当にすばらしいと思えることは何か。心からありがたいと思っていることは何か。これらの質問にどういう答えが出てくるか、ぜひ試してみてほしい。

②不要な考えは「即削除」する

人間には、驚くべき「削除機能」が備わっている。私たちの身の回りでは、絶えずいろいろなことが起こっているが、私たちはある特定のことだけに神経を集中させることができる。人間が一時に精神を集中させて「意識的にできること」はそう多くない。

つまり、**脳は、何を優先すべきかを考えながら、何を無視するか、何を「削除」するかを一生懸命に判断しているの**である。

たとえば、「君も僕と同じで、このプロジェクトにはうんざりだろ」と言われると、脳はプロジェクトのうんざりすることに焦点を当て始め、面白い部分は意識から削除してしまう。すると、プロジェクトのいやなところが目につき始めて、本当にうんざりした気分になったりする。

一方で、「このプロジェクトはすごい。これが成功すれば世の中が変わると思いませんか」と言われれば、退屈だと思っていたプロジェクトを見る目が変わるかもしれない。

つまり私が言いたいのは、**「人の目には探しているものしか見えない」**ということだ。

腹が立った時は、「二度とこういうことが起きないように、この失敗から何を学べばいいのか」と自問自答するのが一番いい。問題そのものに目を奪われるのではなく、失敗を二度と繰り返さないための新たな可能性に目を向けさせてくれるからだ。

③「自分にできることは何か」だけを考える

私には人生の分岐点ともいうべき苦い経験がある。ビジネスのパートナーに二十五万ドルを使い込まれ、会社が七十五万八千ドルの赤字に転落した時のことだ。

周囲の人は口をそろえて「破産申請をしろ」と言ってきた。

彼らが真っ先に聞いてきたのは、「どの部門から売却するのか。従業員には誰が話すのか」ということだった。だが、私は自分の負けを認めるつもりは毛頭なかった。

傍目《はため》には私がどう映ったか知らないが、死んでも会社は続けようと思った。今でも会社が続いているのは、周りのありがたいアドバイスのおかげではなく、「どうすれば会社を建て直せるか」と自問したからなのだ。

その次の質問は、もっと事態を前向きに捉えたものになった。

「会社を建て直し、もう一段レベルの高い、今まで以上に影響力の大きな会社にするにはどうすればいいか」

よりよい質問をすれば、よりよい答えが返ってくるはずだと信じているからこその質問だ。

とくにビジネスの世界では、質問によって新しい世界が開けたり、思いもかけなかった自分の能力に気づかされたりすることがある。

自分はどういう人間で、どういう能力があって、夢を実現するために何をするつもりなのか。そういう質問が、あなたの人となりをつくり上げていくのである。

忘れてならないのは、思い込みのせいで、するべき質問をしないままになってしまうことがあるということだ。周りの人から「絶対に無理だ」と言われれば、「どうすれば会社を建て直せるか」という問いかけをやめてしまう人も多いだろう。

限定的な質問に終始していると、答えも限定的なものしか出てこない。よい質問をし続ければ、必ずよい答えを得られる。

「自分にできることは何か」だけに意識を集中させて質問を考えること。

心の状態を〝瞬時に〟切り換える「五つの質問」

人生では、遅かれ早かれ、必ず行く手を阻む「問題」にぶつかる。そして問題に直面した時には、自分だけに備わった「才能」で、それを乗り越えていかなければならない。

その時、鍵になるのは、一瞬で心の状態を変え、自分の能力を引き出すような「質問」を自分に投げかけられるかだ。

そして、私の長年の調査から、次に挙げる「五つの質問」は、ほぼすべての人に有効であることがわかった。紹介しよう。

①この問題の「いいところ」は何か
②まだ改善の余地はあるか
③思った通りの結果を得るために、やろうと思うことはどんなことか

④思った通りの結果を得るために、このまま続けていてはいけないことは何か
⑤思った通りの結果を得るために「必ずやらなければならないこと」を楽しくやるにはどうすればいいか

私も、この五つの質問のおかげで心の状態をうまく切り換えられた経験がある。

その頃の私は、百二十日のうち百日は出張に出るような生活が続いていて、疲労困憊していた。会社に戻ると、いろいろな企業の重役から届いた「至急」のメモが山積みになっていて、かけなければならない電話は優に百本を超えていた。

電話といっても、アポを取るためだけの電話ではなく、友人や取引先、家族などからの大切な電話ばかりだった。

どこから手をつけたらいいのかわからない状態の中で、私はとんでもないことを考え始めた。「どうして僕にはこうも時間がないんだ。どうして僕のことをそっとしておいてくれないんだろう。僕は機械じゃないんだから、たまには休ませてほしいよ」

その時の私の精神状態は推して知るべしである。幸いなことに、私はそのままどん底まで落ち込む前に、この「五つの質問」でなんとか悪循環を断ち切ることができた。私がいかにして

心の状態を変えていったのか、紹介しよう。

1 この問題の「いいところ」は何か

こう自問した時の最初の反応は、当然のことながら「いいところなんか、あるものか」だった。しかし思い起こせば、八年前は取引先が二十件もあればありがたいと思っていた。それが今、百人もの人が私に電話をかけてきてくれて、しかもみな全国的に名の通った一流の人たちばかりだ。

そのことに気づいたら、私は笑い出してしまった。そして、ようやく悪循環から抜け出し、私が尊敬し、好意を抱いている人たちが私に会いたがっていることに感謝したい気持ちになった。

2 まだ改善の余地はあるか

私の殺人的スケジュールは、明らかに見直すべきだった。自分の時間がまったくなく、私は人生のバランスを失いかけていた。「まだ改善の余地はあるか」と尋ねるからには、今後、完璧に近づいていくことを前提としているわけである。この質問は、新しい答えを導き出してくれるだけでなく、私に自信を与えてくれた。

3 思った通りの結果を得るために、やろうと思うことはどんなことか

その時私が決心したのは、生活に秩序を取り戻し、スケジュールもつくり直して、バランスのとれた人生を送ることだった。そのためには、自分の手に主導権を取り戻し、断るべきことは断る必要があった。また、私の所有する会社の一つに、CEOを一人、雇い入れることにした。そうすれば、私にも家族と過ごす時間がいくらかはできるだろう。

4 思った通りの結果を得るために、このまま続けていてはいけないことは何か

いろいろな人が私を支えるために頑張ってくれているのに、自分だけが忙しくて不公平だなどと文句を言っている場合ではないと思った。

5 思った通りの結果を得るために「必ずやらなければならないこと」を楽しくやるにはどうすればいいか

最後のこの質問は、中でも一番重要な質問だ。

「どうやって百人に電話をかけようか」と考えながらただデスクに座っていても、気分の盛り上がってくる気配すらなかった。その時、この半年ほどジャグジーに入っていないことを思い

出した。

そこで私は水泳パンツに着替え、ノートパソコンとスピーカーホンをジャグジーに持ち込んで、電話をかけ始めた。ニューヨークの取引先の人には、「へえ、そっちは寒いの。カリフォルニアも大変だよ。何しろ今、ジャグジーに入ってるもんだから」などと冗談を言ってからかったりしながら、なんとか面白おかしく百人に電話をかけることができた（最後には身体中ふやけて、しわしわになってしまったが）。

あなたも、いつも目の前にこの「五つの質問」をリストにして置いておけば、瞬時に焦点の当て方を変え、必要な能力を引き出す問題解決法を身につけることができるはずだ。

私が毎朝行なっている「成功の儀式」

毎朝、目が覚めると、私たちは自分に質問をする。

目覚まし時計が鳴ると、「何で今、起きなくちゃいけないんだ」「どうして一日は二十四時間しかないんだろう」「もう少し寝ていても大丈夫かな」などと、自問するものだ。

朝のシャワーを浴びている時は、「今日は仕事を休めないのか」「今日の渋滞の具合はどうだろう」「今日はどんな仕事を押しつけられるんだ?」……そんな質問が次から次へと浮かんでくる。

もし毎朝、その日の活動にふさわしい心構えを持てるような質問、感謝の気持ちに満ちた、明るい、楽しい人間になれる質問ができれば、一日を前向きに過ごすことができるはずだ。もちろん、そうなれば、物事の捉え方や感じ方にも、いい影響が出てくる。

そう考えた私は、毎朝、自分に投げかけるべき質問を考え、**「成功の儀式」**を執り行なうことにした。といっても大げさなものではなく、シャワーを浴びたり、髭を剃ったりしながら、自分に問いかけるだけのことだ。名づけて「朝のパワークエスチョン」である。

「幸せで情熱的な感情」で自分を満たすために

幸せで、成功できる人間になるためには、必ずある特定の感情を高めておく必要がある。そこで、少し時間をかけて、以下の質問に答えてほしい。そして、それぞれの感情をしっかりと心に刻みつけておこう。

各質問に対して、答えを二〜三、出すようにしよう。自由に連想しよう。

■朝のパワークエスチョン

1 今、自分の人生で何が一番幸せだと感じるか。

2 今、自分の人生で何が一番刺激的だと感じているか。

3 今、自分の人生で何に一番誇りを感じているか。

4 今、自分の人生で何に一番感謝しているか。

5 今、自分の人生で何を一番楽しいと感じているか。

6 今、自分の人生で何に一番一生懸命になっているか。

7 私は誰を愛しているのか。誰が私を愛しているのか。

自分の人生に変化をもたらしたいのであれば、目が覚めると同時に、自然とこれらの質問を問いかけるようにするといい。いつでも幸福、感謝、楽しさ、熱意とつながれるようになる。これらを毎日の習慣にできるように、訓練を積んでほしい。

私は夜、寝る前にも、朝と同じことを自分に問いかける。また、さらに次の三つの質問をつけ加えることもある。

夜のパワークエスチョン

1 今日、世のため、人のために役に立つことをしたか。どういうふうに世の中の役に立つことができたか。

2 今日、何か新しいことを学んだか。

3 今日という日は、自分の人生の質を高めるものだったか。今日という日を将来への投資として生かせるか。

人生で〝一番重要な質問〟とは？

私の大好きなレオ・バスカリア（彼は私が出会った中で、最も情熱的な人でもある）は、『レオ・バスカリアのパラダイス行き9番バス』（三笠書房刊）など、人間関係についての著作も多い。

彼のすばらしいところは、まだ小さな頃に父親から教え込まれた質問をずっと自分に問いかけ続けたことである。

毎晩、夕食の席で、彼の父親は、「今日はどんなことを勉強したんだい」と尋ねた。そして、バスカリアは、学校で何も面白いことがなかった日は、百科事典をめくって、面白そうなことを勉強し、父親に話して聞かせたという。大人になってからも、今日はどんなことを勉強したか自問し、一日に一つは何か新しいことを勉強するまでは眠れなかったという。

こうして彼は、絶えず自分の精神に刺激を与えていた。学ぶことに対する情熱と愛情は、幼い頃にいつも父から質問されたことに端を発しているのである。

人生で〝巻き返し〟を図りたい時は――

あなたにとって、絶えず自分に問いかけるべき質問とはどのようなものだろう。私には、お気に入りの質問が二つある。どちらもごく単純なものだが、苦境に立たされ、巻き返しを図ろうとする時には、いつも役に立ってくれる。

それは、**「何かいいところはないか」**と、**「これをどう利用できるか」**という質問だ。

どんな状況であれ、「何かいいところはないか」と考えるだけで、プラスの意味を見出せる。

また、「どう利用しようか」と考えることで、どんな困難も有益なものに変えられる。

自分の精神状態を変え、本当に必要な能力を発揮するために、あなたの役に立つ質問を二つ選び、それを前述した「朝のパワークエスチョン」につけ加えれば、あなただけの質問リストができあがる。

人生で一番重要な質問は、

「私の人生は何のためにあるのか」

「私は何をやるべきか」

「なぜ私はここにいるのか」

「私は誰なのか」

の四つである。

どれも非常に影響力の大きい質問だが、最初に直感的にひらめいた答えが、得てして一番正解に近く、行動の指針にすべき答えであることが多い。

そして最後に言いたいのは、前進するには、質問をやめるべきタイミングがあるということである。いつまでも質問し続けていれば、だんだん不安になる。結局、**確かな結果を生むのは確信に満ちた行動**だ。

だから、ある時点になったら質問して得られた答えをもとに、実際の行動を起こさなければならない。そして、自分の力で最後までやり通さなければならないのだ。

7

運命が好転する「変身ボキャブラリー」

――「言葉一つ」の計り知れない影響力

「言葉のパワー」を賢く活用する法

人間は言葉によって笑ったり、泣いたりする。人を傷つけ、癒すのも言葉である。人に希望を与えるのも、絶望させるのも言葉なら、気高い志を広く知らしめるのも、心の奥底の欲望をさらけ出してしまうのも言葉である。

歴史上の偉大な指導者や思想家は、**「言葉のパワー」**によって自らの感情を人々に伝え、人々を巻き込み、運命を切り拓いてきた。言葉は気持ちをかき立てるだけでなく、行動へと駆り立てる。

「これ以外に私の進むべき道を知らない。私について言えば、私に自由を与えよ。然らずんば死を」という演説で有名なパトリック・ヘンリー（十八世紀のアメリカの弁護士。アメリカの独立運動の立役者の一人）は、この言葉によって私たちの先祖を「自由への戦い」へと立ち上がらせた。

今、アメリカ国民が謳歌している「自由」は、何世代にもわたって受け継がれてきたこの言葉のおかげなのである。

言葉の持つパワー、影響力は、はかり知れない。

信念は言葉によってつくられ、そしてまた言葉によって変化していく。

歴史を見ても、言葉の持つパワーの大きさは明らかで、偉大なリーダーたちの言葉が人々を動かしてきたことは、誰もが認めるところだ。

ところが、こと自分のこととなると、この言葉のパワーに気づいていない人がほとんどなのだ。言葉の使い方一つで、あなたの精神力はより高まり、より豊かな人生を実現できるというのに。

賢く選んだ言葉は大きなパワーを持つにもかかわらず、言葉の選び方に無頓着な人が多すぎる。

なんの気なしに選んだ言葉が自分自身とのコミュニケーションにも影響を及ぼし、経験そのものにも影響を与えていることに気づいていない。これでは自分の可能性に目をつぶったまま〝人生の迷路〟に迷い込むようなものだ。

"言葉のパレット"を使いこなすコツ

何の意識を払うこともなく、習慣だけで言葉を選んでいれば、人生が台無しになる可能性は高い。

すばらしい経験を「まあまあ」という陳腐な言葉で表現したなら、その経験の醍醐味は失われてしまう。

語彙の乏しい人は、感情面でも乏しい人生を送ることになる。

反対に**語彙の豊かな人は、言葉のパレットを使って人生を豊かに彩ることができる**のだ。

しかし多くの人にとって語彙の豊富さ以前に問題なのが、**「言葉の選び方」**だ。

私たちはよく言葉を省略してしまうことがあるが、それは感情を省略してしまうことでもある。人生を意識的にコントロールするには、言葉遣いには細心の注意を払わねばならない。

たとえば、「いやだ」という言葉をよく使う人がいるとしよう。ヘアスタイルがいやだ、こんな仕事はいやだ、何をするのもいやだ。こういう言葉を使うと、「～のほうがいい」といった表現をした時よりも、否定的な感情に意識が焦点を当ててしまう。

言葉には、私たちの気持ちを魔法のように変化させる力がある。

たとえば「騎士道精神」という言葉。「礼儀正しさ」とか「紳士的態度」といった言葉とは違って明確なイメージを呼び起こし、感情的な影響も大きい。私なら、「騎士道」と聞いただけで、黒髪の乙女をエスコートする白馬にまたがった勇敢な騎士を連想する。

あるいは、「非の打ちどころのない」と「うまい」、「高潔」と「正直」とではどうだろう。「卓越性の追求」のほうが、「もっとよくするために」と表現するよりも身の引き締まる感じがしないだろうか。

自分の感情・行動を「裏」で操っているもの

ずっと前から、私はたった一つのキーワードを変えるだけで、相手の感情がまたたく間に変わり、行動まで変化する例をいくつも目にしてきた。

何百、何千という人と仕事をしてきた経験から、断言できることが一つある。にわかには信じがたいかもしれないが、**普段使っている言葉（自分の気持ちを表現するために使っている言葉）を変えるだけで、たちどころに考え方、感じ方、生き方を変えることができる**ということだ。

このことに気がついたのは、数年前の会議の席でのことだった。出席者は私の他に二人。一人は私の会社のＣＥＯで、もう一人は彼も顔見知りの私のよき友人だった。

会議の最中に由々しき事態が持ち上がった。私たちの交渉相手が、こちらの足下を見て合意事項を反古《ほご》にしてきたのだ。控えめに言っても、私は、不愉快きわまりなく、怒り心頭だった。しかし、私と同じ情報を耳にした二人が示した反応に目を奪われた。二人の反応は正反対だったのだ。

CEOは怒りに我を忘れていたが、友人はまったく動じた素振りさえ見せなかった。私たち三人は同じような不利益をこうむることになるのに、なぜこれほど反応が違うのだろうか。

CEOはといえば、自分がどんなに腹を立てているかを、しつこいほど言い立てている。顔は真っ赤で、こめかみや首筋には青筋が立っていた。

怒りを露わにすることが、彼にとっては苦痛を和らげ、快感を得ることと結びついているのが手に取るようにわかった。激高することにどういう意味があるのか、なぜそこまで怒ってみせるのか聞いてみると、彼は歯ぎしりしながら、こう答えた。

「怒りを爆発させると力が湧いてくる。力が湧いてくると、行動力が生まれ、どんな逆境にも負けない気がするんだ」

怒りの感情を原動力にして、逆境を克服し、事態を自分でコントロールする喜びに変えているのだ。

一方、私の友人はこの状況に対してまったく怒っていなかったので、彼にも尋ねてみた。

「君は全然動じていないようだけど、腹が立たないのかい」

　CEOも畳みかけるように聞いた。

「どうして頭に来ないんですか」

「まあ、ちょっと癪にさわるけれど、怒ったところで、どうにもならないじゃないか」

と、友人は答えた。

　そういえば、彼と知り合って数年になるが、一度も怒ったところを見たことがない。

「君が怒るとどうなるんだい」

「怒ると、自制心を失ってしまうだろう」

「自制心を失うと、どうなるんだい」

　彼はなぜそんなことを聞くのかという顔で、こう答えた。

「相手が勝つのさ」


　これほど対照的な二人がそろうこともめずらしい。一人は怒りのパワーを原動力にすることに喜びを感じ、もう一人は怒りと、自分が自制心を失った時に味わうであろう苦痛とを結びつけているのだ。

　そして私はと言えば、敢えて怒りを避けようともしなかったし、能力を発揮するためにわざわざ怒りを助長しようともしなかった。

しかし、私が本当に興味深いと思ったのは、一つの経験を言い表わすのに、三人が使った言葉の違いだった。私は**「怒る」**と言い、CEOは**「頭に来る」**と言い、友人は**「ちょっと癪にさわる」**と言った。「ちょっと癪にさわる」には恐れ入った。その程度ですむような話ではなかったのだ。

その「感情」に〝間違ったレッテル〟を貼っていないか

私はだんだん不思議な気がしてきた。

「もし私が、友人が使ったような言葉で自分の感情を表現したとしたら、気持ちに何か変化が表われるのだろうか。今までは苦虫を噛みつぶしたような顔をしていた時でも、にこやかに対応できるようになるのだろうか。これは少し調べてみる必要がある」と思った。

その後何日も、私は友人の言葉遣いを真似て、感情の高まり方に違いが出るかどうか試してみるという考えにとりつかれていた。心底腹が立っている時に、「ちょっとカチンと来たね」と言ったら何がどうなるんだろうと考えただけでも、笑いがこみ上げてきた。

面白そうなのでとにかく実行に移すことにし、夜の長旅の末にたどり着いたホテルのチェックイン時には、カタツムリのようなのろさのスタッフに対して使ってみた。

すると、その言葉を口にするだけで、こみ上げる感情を抑えられるのが実感できた。少なくとも怒りがこみ上げてきて、我を忘れることはなくなった。二週間すると、それほど苦労しなくても、その言葉が出てくるようになった。そして自然とそういう言葉遣いができるようになった時には、以前のように怒りを爆発させることがなくなっていた。

偶然見つけたこのツールに、私はますます魅せられていった。**言葉遣いを変えると、経験の持つ意味合いも変わる**のである。

私はこういう言葉を「**変身ボキャブラリー**（Transformational Vocabulary）」と呼ぶことにした。他の言葉もいろいろ試してみたところ、適切な言葉を使えば、いつでも気持ちを高めたり、落ち着かせたりできることがわかった。

自分が何気なく使っている言葉の影響力に無頓着であってはならない。

「怒り」「憂うつ」「侮辱」「不安」といった言葉を安易に使っていないだろうか。実際には「ちょっと難しい」程度のことが、間違った言葉のレッテルを貼ることによって「絶望的」なことになりかねないからだ。

先ほどの例では、「合意事項を反古にされた」という同じ経験を、私は「怒る」、ＣＥＯは

「頭に来る」、友人は「ちょっと癪にさわる」と表現した。同じ経験をしても、「言葉の違い」によって、各人各様の「経験」が成立するのである。

そして、今までであれば「頭に来る」と言っていたことに「ちょっと癪にさわる」という言葉を使うようにするだけで、怒りが静まり、まったく違った経験として認識されることになるのだ。これが変身ボキャブラリーの神髄である。

要するに、**経験と結びついた言葉が、そのまま経験になる**のだ。

だからこそ、感情の状態を表現する言葉は慎重に選ぶ必要がある。

その経験に、どんな〝言葉のフィルター〟をかけるか

言葉は、まさに人生経験を再現するために使われるものだ。だが、経験を再現する時に、言葉は私たちの認識や感じ方を変えてしまう。

人から、君は「天使だ」と言われるのと、「天才だね」と言われるのと、「気取ってんじゃないよ」と言われるのとでは、当然、受ける感じが違う。

言葉の持つパワーについて考え始めた頃は、言葉を変えるだけで経験が変わるという考え方を素直には受け入れられなかったが、研究を進めるうちに、そう信じざるを得ない、いくつかの事実を知った。

コンプトンの百科事典によれば、英語には少なくとも五十万語の単語があるという。また他の辞書では七十五万語とも言われている。

これほど多くの単語がありながら、私たちが日常的に使う言葉の数は非常に限られている。言語学者に言わせれば、平均的な大人が使う言葉は、わずか二千語から一万語だという。英語には五十万の言葉があるのに、常に使うのは全体のたった〇・五～二パーセントにすぎないのだ。

しかも、感情を表現する言葉は三千ぐらいしかない。さらに驚いたことには、私が数えたところ、肯定的な感情を表わす言葉は千五十一語しかないのに、否定的な感情を表わす言葉は二千八十六語もあったのだ。一つ例を挙げるなら、悲しみに関係した言葉だけでも二百六十四語あったのに対して、快活さを表わす言葉は百五語しかなかった。

イライラ、くよくよの原因は〝こんなところ〟にある

たとえば、セミナーの出席者に、一週間に感じた感情を書き出してもらっても、ほとんどの人は十前後しか書くことができない。なぜそうなのかといえば、人間は同じ感情を何度も経験するからなのだ。

そうなってしまう理由の一つは、自分の経験をいつも同じ言葉で表現しようとするからだ。

しかし、自分の経験にもっと違った言葉のレッテル、**独創的なレッテル**を貼れば、実際の感じ

方を変えられるのだ。

もうずいぶん前の話だが、ある刑務所で行なわれた調査に関する記事を読んだことがある。受刑者たちの多くは言葉をうまく操れないため、感情の幅が狭く、ほんのちょっと不快感を覚えただけでも、それが激しい怒りとなって表われるのだという。これが言葉を巧みに操れる人なら、言葉で色彩豊かな絵を描き、自分の中に多彩な感情を再現できる。

自分の人生を変え、運命を切り拓いていきたいのなら、意識的に言葉を選び、選ぶ基準を絶えず高めていかなければならない。

なぜ私は「憂うつ」になったことがないのか

言葉は物事を自分自身のために再現する基本ツールであり、**言葉がなくては、経験について考えることができない**。

たとえば、アメリカ先住民のいくつかの部族の言語には「嘘」という言葉がない。嘘という概念そのものが存在しないからだ。彼らの考え方や行動にも嘘がない。言葉が存在しないのだから、概念も存在しようがないのである。

そこで、私が今まで自分の気持ちを言い表わすのに一度も使ったことのない言葉は何か、考えてみた。出てきた答えは「憂うつ」だった。私も人並みにイライラしたり、怒ったり、疑心暗鬼になったり、まいったなあと思ったりすることはあるが、憂うつになったことはない。

それは、生まれてから一度も憂うつになったことがないという意味ではない。八年ほど前には、いつも気が重い時期があった。憂うつになると人生を変えようという気力も萎え、問題にぶつかっても決して解決策は見つからないと感じるものだ。

ただ私の場合は、運よく、憂うつになるという苦痛を避けようとする強い衝動が働いたために救われた。

私の脳は、「憂うつ」から「死」という最大の苦痛を連想するようになっているため、意識しなくても自然と憂うつという言葉を排除してしまうので、憂うつな気持ちを再現することも、感じることもなくなったのだ。

こうして私はやる気をなくさせる言葉を排除し、その結果、強い意志をもくじく憂うつを振り払うことができた。

自分の使っている言い回しがやる気をなくさせるのなら、そのような言い回しを使うのはやめて、もっと元気の出る言い方をすることだ。

「ひどい口喧嘩」は「活発な討論」と言い換えてみる

こんなことを言うと、「それは詭弁だ。言葉をいじくってどうなるんだ」と思われるかもしれない。たしかに、違う言葉を使うだけなら、経験そのものが変わることはない。

しかし、**いつもの感じ方を変えるような言葉を使えば、すべては変わるのである。**

変身ボキャブラリーをうまく使えば、悪循環を断ち切り、いつも微笑みを絶やさない自分でいられ、心の状態も安定する。そして、もっと理にかなった質問ができるようになる。

たとえば、妻も私も情熱的で、物事には真剣に取り組む人間だが、まだ結婚して間もない頃は、かなり激しい口論をすることがよくあり、それを私たちは「ひどい口喧嘩」と言っていた。

しかし、言葉のパワーを自覚してからは、「ひどい口喧嘩」ではなく、「話し合い」とか「活発な討論」と言い換えることにした。「活発な討論」をする時は、ただの口喧嘩とはまったく違ったルールが働くし、気持ちの持ち方も違ってくる。

それから七年がたつが、「口喧嘩」という言葉から連想する激しい感情をぶつけ合うようなことはしなくなった。

〝いやな気分〟を笑い飛ばす「ちょっとしたひと言」

また、修飾語の使い方によっては、感情を和らげることができることもわかってきた。

たとえば、「なんとなく」いやな感じ、「いまいち」調子が悪いなどと言ってみるだけでいい。この頃、妻はイライラすると、「ちょっとイラッとする」と言ったりする。今までとは違った言い方なので、なんとなく笑いを誘われる。こうやって笑い飛ばすと、いやな気分が高じて大事に至ることがなくなる。悪い芽は早いうちに摘んでしまうに限る。

この変身ボキャブラリーについて友人のケン・ブランチャードと話していた時、彼も心の状態を変えるために使ういくつかの言葉があると言っていた。

一つはアフリカ旅行に出かけた時に使った言葉だ。サファリの最中にトラックが故障してしまった時に、妻のマージに「さーて、これはえらいこっちゃ」と言ったところ、二人の心の状態を変えるのに大いに役立ったというのだ。そういうわけで、その後も、よくその言葉を使っているらしい。

ほんのちょっとしたことで、気持ちに変化が起き、人生の質をも変えられるのである。

今度、心の状態が落ち込んでそこから抜け出せなくなったら、「落ち込む」とか「むかつく」「うんざり」といった言葉を口にするのではなく、ただちにもっと力の出る言葉に言い換えてみること。「ちょっとへこむな」とか、「少しはましだ」とか、「巻き返してみせるぞ」とかいった具合にである。

こんなふうに、たった一語変えるだけで自分の行動パターンも心の状態も、まったく違うものになるはずだ。

“心のお守り”になる「言葉のリスト」

このように、使う言葉によって、一瞬にして人生を変えることができる。

今ここで、最近、あなたがよく使う言葉で、退屈する、むかつく、がっかりする、頭に来る、恥ずかしくなる、傷つく、悲しくなるなど、それを言うといやな感じがする言葉、口にしただけで身体の力が抜けてしまうような言葉を三つ書き出してほしい。

書き出したら、いやな気分を抑え込み、悪循環を断ち切れるような言葉をブレイン・ストーミングで見つけ出そう。

人間の脳は、苦痛を快感に変えてくれるものが大好きだ。だから、自分が心から使いたいと思う言葉を選ぶこと。

私が「怒る」の代わりに「カチンと来る」や「ちょっとむかつく」などと言うのは、そのほうが面白いと感じるからである。マイナスの感情を抑えるために役立つ、簡単で、ちょっと茶目っけのある言葉の言い換えをいくつか紹介しておこう。

- 腹立たしい　→　白ける
- 憂うつ　→　待機中
- 臭い　→　かぐわしい
- 頭に来る　→　カチンと来る
- 失敗　→　勉強
- 嫌い　→　〜のほうが好き
- イライラする　→　刺激的
- まいった　→　いっぱいいっぱい
- 拒絶　→　誤解
- ひどい　→　一風変わった

あなたも自分なりのリストをつくってみるといいだろう。まず、普段口にするといやな気分になる言葉を三つ選び、次に、その代わりに使うべき言葉を書く。できれば、口にするだけで思わず吹き出してしまい、いやな気分が吹き飛んでしまうような言葉にする。

こんな"目の覚めるような言葉"を人生のスパイスに

もちろん変身ボキャブラリーは、否定的な感情を抑えるためだけではなく、肯定的な感情を高めるためにも活用できる。調子はどうだと聞かれたら、「まあまあだよ」と答える代わりに、「最高さ!」と言えば、快感につながる神経の通り道がいとも簡単にできあがる。

そこで、先ほどと同じように、常日頃「順調」だということを言い表わすために使っている三つの言葉を書き出そう。たとえば「いい感じだ」「元気だ」「うまくいっている」など。

そして、「よい状態」を「最高の状態」に変えてしまう、目の覚めるような新しい言葉を見つけること。参考までに、あなたの人生のスパイスになるような言葉をいくつか挙げておく。

- いい言葉　→　最高の言葉
- ちょうどいい　→　サイコーの
- 決然と　→　イケイケで
- 速い　→　飛ぶような
- 幸運な　→　めちゃくちゃラッキー

- すごい → 目の玉が飛び出る
- 興味深い → 夢中になる
- 好き → 堪能する
- オーケー → 完璧
- 素早い → 爆発的
- 賢い → 切れる
- すばらしい → 我を忘れる

"不用意な言葉"ほど残念なものはない

以前の私は、会社でうまくいかないことがあると、責任者に電話をかけて「非常に困ったことになった」「心配なことがあるんだ」「どうしてこうなったか、わかるか」という言葉を使って話していた。

しかし、こういう言い方をすると、私にはそんなつもりはなくても、相手はどうしても守りの態勢に入ってしまい、問題解決のアイデアが出なくなってしまっていた。

そこで、これではだめだと考えをあらため、実際にはそれなりに気持ちが高ぶっていたとしても、「ちょっと気になることがあるんだけど、意見を聞かせてもらえないか」という言い方をするようにした。こうすると、まず私自身が落ち着きを取り戻す。これは私だけでなく、相手にとってもいいことだ。

「心配だ」と「気になる」とでは、意味合いがだいぶ違ってくる。「心配だ」と言うと、相手の能力を疑っているような印象を与えるかもしれない。また「ちょっと」をつけ加えることで、全体のトーンがやわらかくなる。

自分の感情の高ぶりを抑えれば、相手の気持ちに水を差すことなく、積極的に問題に取り組んでもらえるし、私自身の気持ちも十分に理解してもらえる。

家庭でも同じである。子どもたちと話をする時、普段どのような言葉を使っているだろう。言葉が子どもに与える影響を軽く見てはいけない。大人に限らず子どもも、言われたことを真に受けてしまうことがよくあるので、不用意な発言をしないよう気をつけなければならない。

いつも考えなしに、「この馬鹿！」とか、「何やってるの！」と口走っていると、子どもの自尊心を著しく傷つける場合があるので、そういう言葉遣いは改め、「そういう態度は感心しないな。ちょっと二人で話そうか」というふうに持っていこう。

そうすれば、いつものパターンを打ち壊し、あなたの気持ちや考えていることを的確に子どもに伝えることができる。また、子どもも「自分の態度が悪かったので注意は受けたけれど、人格そのものを否定されたわけではない」と納得できる。

不機嫌なまま口にした不用意な言葉で、相手との関係にひびが入り、後悔したことはないだろうか。怒っている時、人は相手の気持ちを傷つけ、反感を買うようなことを言ってしまうことがある。そうすると相手は傷つき、二度と心を開いてくれなくなる。

言葉には、「創造する力」と「破壊する力」の両方が備わっていることを知っておくこと。

コミュニケーションによって期待通りの結果が得られなかった時は、自分の言葉の使い方をよく吟味し、的確な言葉選びを心がけてほしい。言葉に敏感になりすぎて、何も言えなくなっては困るが、気持ちを引き立てるような言葉選びをすることは重要である。

それなら、「否定的な感情は常に抑えるべきか」といえば、そうとも限らない。自分を変え、状況を変えるためには、時に怒りのパワーを借りなければならないこともある。9章で述べるように、人間の感情にはそれぞれにふさわしい場所があるのだ。

ここでは激しい否定的な感情についてはふれなかっただけで、決して否定的な感情を持ってはいけないということではない。その点は誤解しないでほしい。

言葉遣いは「健康状態」さえ左右する

私たちが目指しているのは、苦痛を少なくし、より多くの快感を得ることである。変身ボキャブラリーを身につけることは、そのための最もシンプルで効果的な手段である。

自分の可能性を制限するような言葉のレッテルを貼らないよう、十分に気をつけること。とくに、他の人に貼られたレッテルをなんの考えもなしに受け入れることは決してしないでほしい。

他人が貼ったレッテルに自分の生き方が左右されてしまうからだ。

このことが最もよくあてはまるのは病気だ。私が精神神経免疫学を勉強した限りでは、言葉に生化学的な効果があることは確かなようだ。

『笑いと治癒力』の著書があるジャーナリストで作家のノーマン・カズンズにインタビューし

た時のことだ。彼は過去二十年間に二千人以上の患者を診てきたが、患者が診断の結果を聞くと（病状から「病名」というレッテルが貼られると）、さらに具合が悪くなることが多いと言っていた。

「ガン」「多発性硬化症」「心臓病」などのレッテルを貼られた患者はパニックに陥り、無力感や絶望感によって本来備わっている免疫力を奪われてしまうのだ。

反対に、何らかのレッテルを貼られることで絶望感を払拭した患者の免疫力は自然と活性化することが、いくつかの研究によって証明されている。

「言葉が病気を生み出し、人の命をも奪う」のである。

そのため、よい医者は患者とのコミュニケーションに非常に気を使うのだそうだ。

私はフォーチュンマネジメントという、診療マネジメントのお手伝いをする会社を所有しているが、同社は病院経営のしかたから、治療効果を高めるための感受性の磨き方までを指導している。

人を相手にする職業では、言葉の持つ影響力を知ることが不可欠なのである。

〝レッテル一つ〟で「現実」はここまで変化する

変身ボキャブラリーの効果にまだ疑いを持っている人は、ぜひ自分自身で実験してほしい。

たとえば、セミナーに来る人たちはたいてい、「誰々のしたことにひどく腹を立てている」という言い方をする。

私が「あなたは怒っているんですか、それとも傷ついているんですか」と聞くと、その状況の見方に変化が起きる。その人が「たぶん、傷ついているんだと思います」と言い直した瞬間に、怒りの炎は勢いを失っているのが見て取れる。

それと同じで、あなたも自分の感情の高まりを思いがけない形で、鎮めることができるのだ。

たとえば、「お腹が空いて死にそうだ」と言う代わりに、「小腹が空いたな」と言ってみよう。その瞬間に激しい空腹感が少し治まったように感じるはずだ。

食べすぎの原因の一端は、常日頃の言葉遣いにあることも多いのだ。

最近、私のセミナーで、「言葉の力で心の状態を変えられる」ことを実証する出来事があった。参加者の一人が、意気揚々と食事休憩から戻ってきたのだが、彼女が言うには、食事をする直前まで大泣きしたい気分だったのだそうだ。彼女は続けた。

「何もかもグチャグチャで、爆発寸前でした。このままじゃ頭がおかしくなる《ブレークダウン》と思いました。でも、すぐにこう言い直したんです。『違う、違う、そうじゃなくて、頭打ち《ブレークアップ》なのよね』。そうしたら、だんだんおかしくなってきて、『これって、もしかして大発見《ブレークスルー》！』と思ったんです」


彼女はたった一つの言葉を変えただけだったが、レッテルの貼り方（言葉遣い）を自分の思い通りにコントロールすることで、自分の「心の状態」と「経験の捉え方」を完全に変えてしまった。つまり、彼女にとっての現実が変化したのである。

次はあなたの番だ。言葉の使い方を変えることで、**人生の主導権を自分の手に取り戻す**のだ。普段何気なく使っている言葉を、もっとやる気の出る言葉、感情に振り回されないような言葉に置き換えよう。

今日からスタートだ。使いたい言葉を書き出し、それを口グセにしよう。簡単な方法だが、その効果によっていろいろなことが実現できるだろう。

8

人間力とは「表現力」である

——「何を語るか」より「どのように語るか」

Awaken the Giant Within

なぜカリスマは人の心を惹きつけられるのか

前章では、人生を決定し、運命を左右する「言葉のパワー」について述べた。そして本章では、言葉の中でもとくに強い感情や深い意味がこもっているとされる**メタファー**（暗喩）について書いていきたい。

メタファーを理解するには、まず「シンボル」について知っておくべきことがある。たとえば、「キリスト教」と「十字架」のイメージは強く結びついている。キリスト教徒なら、十字架を見ると、その瞬間に好ましい感情が湧き上がってくる。二本の線が交差しているだけの形だが、十字架は多くの人たちにとって人生の支えであり、生き方そのものである。

今度はその十字架にひねりを加えてかぎ十字をつくり、「ナチ」という言葉と結びつけてみよう。これ以上おぞましいものはない。かぎ十字は「ナチ」という言葉そのものよりも強い影響力を持っている。

歴史を振り返っても、**特定のシンボルが何らかの感情の引き金になり、人間の行動を左右した**例は少なくない。イメージや音、物体、行動、言葉など、さまざまなものがシンボルになり得る。**言葉がシンボルであるなら、メタファーはより洗練されたシンボル**と言うことができる。

“いい連想”が生まれる「たとえ」を使う

では、メタファーとはいったい何なのか。何かを説明したり、概念を伝えたりするために、それを別のものと結びつけたものがメタファーである。一方を思い浮かべると、もう一方が自然と連想される関係にあるもののことだ。メタファーはシンボル、象徴であり、長々と説明するよりも簡潔に気持ちを伝え、人を瞬時に変える力を持っている。

人間は、しょっちゅうメタファーを使って考えたり、話したりしている。

たとえば、よく「板挟みになる」「真実は闇の中」「自転車操業でやっている」などという言い方をする。もし「自転車操業」ではなく、「操業を停止すれば倒産するしかないので、赤字を承知で操業を続けている」などと言ったらドッと気が重くなるではないか。

このように、たとえ方しだいで、物事の印象はかなり違ってくる。

また、メタファーはものを学ぶ手段としても有効である。

たとえば、「電気とは何か」ということについて学ぶ時に、「オーム」「アンペア」「ワット」「抵抗器」という普段あまり使わない言葉で説明されても、それらが互いにどう関連しているのか理解するのはなかなか難しい。

しかし、パイプの中を流れている水にたとえて説明してもらえば、電気のこともよくわかるのではないだろうか。

ブッダやモハメッド、孔子、老子のような偉大な指導者は、メタファーを使って自らの思想を一般の人たちにもわかりやすく伝えた。

イエス・キリストが優れた指導者であることはキリスト教徒でなくても認めるところだが、イエスの愛のメッセージが時代を超えて受け継がれてきたのは、メタファーの使い方、換言すれば「たとえ方」が絶妙だったからだ。

いくらイエスでも、漁師のところへ行って「キリスト教徒になれ」といきなり言っただけでは、彼らの心を動かすことはできなかっただろう。「私について来なさい。人間をとる漁師にしてあげよう」という語りかけが人の心に響いたのだ。

自分から小さな「箱」に入らない

私の会社のCEOが怒りまくっていたあの日、私は「変身ボキャブラリー」という技術を編み出したが、それと同時に、**グローバル・メタファー（普遍的たとえ）**の意義を発見した。

なぜ彼は自分の感情をさらに煽るような言葉を使って、怒りをかき立てようとするのか、私は不思議に思ったものだ。

そこで私はそのCEOに、どんな気分なのかを尋ねた。彼は「頭に銃を突きつけられて、箱に押し込められているような気分だ」と答えた。このように、「ある状況に追い込まれ、そこから抜け出せない」と感じていれば、誰でも彼のように怒りを覚えて当然である。

そこで、私はCEOに質問した。

「その水鉄砲は何色かな」

CEOは困惑顔で言った。

「何のことですか」

私は質問を繰り返した。

「その水鉄砲は何色かな」

この質問が瞬時にして、彼のいつものパターンを打ち壊した。私のおかしな質問に答えようと全神経を集中させたため、意識の焦点が変わったのである。水鉄砲を思い浮かべようとする間に感情にも変化が生じ、彼は笑い出した。

人間は頭の中で何かを考えていると、だんだんそれを現実のこととして感じるようになる。

頭に突きつけられていた銃が、実は水鉄砲だったと思わせることで、彼が抱いていた悪いイメージは粉々になり、同時に感情にも変化がもたらされた。

箱のほうはどうだろう。このCEOが負けず嫌いなことはわかっていたので、こう言うだけで十分だった。

「箱に押し込められているというイメージについていてだけど、君の場合はどうかわからないが、私を押し込められるような大きな箱は誰にもつくれないと思うよ」

それを聞いた途端に、彼も箱を打ち壊すことができた。

「壁」にぶつかる前にヒラリとかわす法

このCEOは、いつも攻撃的な表現によって行動する人だったので、常に感情が高ぶっていた。あなたも、もし何か不愉快に思っていることがあるなら、自分の感情を言い表わすのに使っている表現を見直してみるべきだ。

難題に直面すると、人は「世の中の苦労をすべて背負い込んだような気がする」とか、「目の前に壁が立ちふさがっている」と言ったりする。

しかし、やる気をなくさせる「たとえ」を口にして感情が不安定になっている人には、気持ちが前向きになる「たとえ」を示してあげれば、感情は簡単に変えられる。たとえば、「世の中の苦労をすべて背負い込んだような気がする」と言っている人には、「その背負い込んだものを下ろせば、楽になるよ」と言ってあげればいいのだ。

最初はキョトンとするだろうが、言葉の意味を理解しようとする間に意識の焦点が変わり、感じ方も変わるはずだ。

いつも壁にぶつかって、なかなか前に進めないという人がいれば、私なら「壁にぶつかる前に、ドリルで壁に穴を開けて、通り抜ければいい」と言うだろう。壁をよじ登ってもいいし、トンネルを掘ってもいいし、ドアを開けて通り抜けたってかまわないのだ。

〝言葉の感性〟が鋭くなるほど人生が面白くなる

どんな「たとえ」を使うかは、人によって違う。

ドナルド・トランプのインタビューを読んだ時に気がついたのだが、彼は人生をよく「テスト」にたとえる。要するに、パスするか、落ちるか、二つに一つだというのだ。このような人生観を持つ人は、大きなストレスにさらされているに違いない。

仮に人生がテストだとすれば、難しい問題も出るだろうし、試験勉強も必要だ。落第したり、カンニングで退学になったりするかもしれない。

また、人生は競争だと言う人もいるし、ある人にとってはゲームである。

マザー・テレサは、「生きるとは神聖なことだ」と表現していた。「人生は神聖なこと」だと信じていれば、畏敬の念を持って人生を生きようとするだろう。あまりはしゃいではいけないと感じもするかもしれない。

もし人生は「贈り物」だと思えば、人生は驚きと喜びに満ちた特別なものになる。もし人生が「ダンス」なら、美しいもの、誰かと一緒に踊るもの、優雅で、リズミカルな、楽しいものになる。

いずれも、人生をよく言い表わしている。すべてのメタファーに利点がある。ただし、決して万能ではない。だから、時と場合によって適切な表現を選べばよいのだ。

「人生が大きく広がっていく人」の秘密

メタファーに対する感覚が鋭くなればなるほど感じるのは、**表現力の乏しい人は、広がりを欠いた人生を送りがち**だということだ。人生に広がりを持たせたいなら、自分の人生、人間関係、自分がどういう人間かを示すメタファーにも多様性を持たせることだ。

たとえば、昼休みが終わって仕事を始める時、「戦闘開始だ」とか、「またタコ部屋か」などと言うことがあるが、そういう言葉が出る人は、どういう気持ちで仕事に取り組んでいるのだろうか。

また、自分の会社を「財産」、従業員を「責任」と呼んでいる経営者もいるが、そういう考え方が人の扱い方にも影響するのだ。あるいは会社を果樹園にたとえ、毎日手入れをして、いつか収穫できるものと考えている経営者もいる。また、仕事は「勝ち組」になるためのチャンスと捉える人もいる。

あえて〝マイナスの感情〟を高めることが大切な場合

ここまでは、どのようにして否定的感情を抑えるかについて述べてきたが、時にはマイナスの感情を高めることが大切な場合もある。

麻薬とアルコールに溺れる息子を持つある夫婦の例を紹介しよう。何とかして息子を更生させたいと思いながらも、彼らは息子の人生に口を挟むことに若干の抵抗もあった。最終的に二人を行動へと駆り立てたのは、以前、自身も中毒だった経験を持つ人と話をしたことだった。

「二発の弾丸が息子さんの頭を吹っ飛ばそうとしているんですよ。一つは麻薬、一つはアルコール。いずれどちらかが息子さんの命を奪うことになるでしょう。今やめさせなければ、そうなるのは時間の問題です」

このひと言で、夫婦は行動を起こす決心がついた。メタファーには人の行動を変えるパワーがあるのである。

人間関係を劇的に変える「小さなコツ」

自分自身を表わすメタファーとして、私はこれまで、いろいろな表現を試してきた。「私は教師です」「私は学生です」「私は講演家です」「私はベストセラー作家です」「私は業務改善のコンサルタントです」「私はセラピストです」「私はカウンセラーです」

しかし、どれもしっくりこない。周囲からもいろいろなメタファーを与えられた。マスコミからはグールー（思想的指導者）と呼ばれることが多いが、私はこれは避けたいと思っている。

なぜなら、「グールー」と呼ばれてしまうと、自分に変化を起こすために誰もが私の力に頼ろうとするからだ。「自分の人生における変化には、自分が責任を負うべきだ」と私は考えているので、このメタファーはふさわしくないと思う。

そしてようやくある時、自分にぴったりのメタファーを見つけた。

「私はコーチです」

「自意識」を変えるのも、表現しだい

私の考えるコーチとは、友だちであり、心からあなたを気遣ってくれる人のことである。そして、あなたが最高の状態になれるように、骨身を惜しまずに手を貸してくれるが、あなたに楽をさせようとするのではなく、課題を与え成長を促そうとする人である。

コーチには豊富な知識と経験があるが、コーチは必ずしもあなたより優れているわけではない（これが「教師」となると、あなたより優れている必要がある）。

実際に、自分よりも才能のある人をコーチする機会も少なくない。しかし、コーチは長年、専門分野で研鑽《けんさん》を積んできているので、その人の成績を簡単に上げるようなコツの一つや二つは心得ている。

コーチは最新の情報、戦術、スキルを教え、それによって目に見える結果を引き出す。また、時には新しい情報を与える代わりに、いつ、何をやるべきかを教え、あなたの背中を押してくれる。

思うに、私の仕事は「成功を指南するコーチで、その人が心から望んでいることを素早く、

簡単に実現させるための手伝いをすること」なのだ。

大企業の経営者でも、大学院生でも、主婦でも、ホームレスでも、大統領でも、みなコーチを必要としている。

このメタファーを使うようになってから、私は自分に対する感じ方が変わった。あまりストレスを感じなくなり、気が楽になって、誰とでも親しくつき合えるようになった。もう「完璧」である必要も、「人より優れている」必要もなくなったからだ。

そして、自分が楽しめるようになった時、人々に与える影響力も強まったように思う。

こんな「敵対的表現」を無意識に使っていないか

一つ注意すべきは、**仕事で有効なメタファーを家庭に持ち込むと大変なことになる**ということだ。

知り合いの女性弁護士は、法廷では非常に効果を発揮する「敵対的表現」を家庭でも使っていたため、彼女の夫は証言台に立たされて、反対尋問を受けている気分にさせられた。これでは夫婦関係がうまくいくわけがない。

警察官なども注意が必要だ。家に帰っても仕事のことが頭から離れないと、家族が自分の決めたルールに違反していないか、油断なく見張るような態度をとるかもしれない。

ある男性は家にいても他人行儀で、家族との心の交流がまったくなかった。感じたままを表に出すことがなく、いつも命令口調だったという。

この人は航空管制官だった。職業柄、仕事中は常に冷静でなければならない。たとえ緊急事態であっても、決して動揺が声に表われるようなことがあってはならず、冷静にパイロットを誘導しなければならない。「冷静沈着な態度」は管制塔では不可欠だが、家庭ではあまり役に立たない。

このように、職場では適切なメタファーが、家庭では不適切になる場合もあることを、よくよく心得ていなければならない。

〝表現のニュアンス〟を変えれば「見える景色」も変わる

人間関係で用いられるメタファーには、どのようなものがあるだろう。夫婦の場合、配偶者を「宿六」「ばばあ」「亭主」「愚妻」と言ったりする。私の知っている人は、自分の夫のことを「悪魔」と呼んでいた。

もっと肯定的な呼び方もある。「愛しい人」「ベターハーフ」「人生の伴侶」「チームメイト」

「運命の人」等々。

相手に呼びかける時の表現のニュアンスをほんの少し変えるだけでも、相手との関係は変わってくる。

たとえば「パートナー」ではあまり情熱的にはなれないが、「愛しい人」が相手なら大いに情熱を注ぐことができるだろう。

人間関係をどのように言い表わすかは、自分自身がその関係をどう思っているかだけでなく、相手との関係そのものにも影響する。

私のセミナーに出席していたある女性は、ご主人のことを必ず「私の連れ合いの馬鹿」と言っていた。しかし、ご主人が奥さんのことを話す時は、「生涯の恋人」とか、「ベターハーフ」とか、「神様からの贈り物」と呼んでいることに気づいた私は、そのことを彼女に言ってみた。すると彼女は、自分が心ないメタファーを深い考えもなく使っていたことにショックを受けた。私が彼女と一緒にメタファーを選び直したことは、言うまでもない。

メタファーを選ぶ時は慎重に、かつ理性を働かせること。そして、限界を感じさせるメタファーを耳にした時は、悪循環に陥らないように、すぐに新しいメタファーを見つけよう。

9

「感情」は心の羅針盤

――無視せず、振り回されず、賢く利用するコツ

Awaken the Giant Within

もっと〝刺激的なチャンス〟に満ちた人生のために

とことん落ち込むこともない代わりに、熱狂的に興奮したり、喜びを露わにすることもない――あなたの周りにもこういう人がいるのではないだろうか。

一世紀以上前、ヘンリー・デビッド・ソローは、「大多数の人は、静かなる絶望の人生を送っている」と言ったが、今ほど、この言葉がしっくりくる時代はない。

前作『一瞬で自分を変える法』の読者から送られてきた多くの手紙を読んで気づいたことは、この国には分裂した人生を送っている人が非常に多いということである。

つまり、**「苦痛を避けたいという欲求」**と、**「もっと刺激的なチャンスをつかみたいという飢餓感」**に支配された行き当たりばったりの人生をだ。

世界中を旅して、さまざまな階層の人たちと会い、文字通り何十万人もの人の「息づかいを感じて」いると、彼らの感情の起伏が乏しいことに、私は本能的な危機感を覚える。今こそ、心臓にもう一度真っ赤な血液を送り込まなければならない。

「人間の感情をコントロールすることは不可能」と考えている人は多い。感情は気力が衰えている時に襲いかかってくるウィルスのようなものだといって、忌み嫌っている人もいる。感情を理性よりも一段下のものと考え、あまり重要視しないという傾向もある。また、感情は他人の言動に対する単なる反応にすぎないという考え方もある。

感情とのつき合い方「四つのパターン」

こうした一般的な考え方に共通しているのは、「感情という摩訶《まか》不思議なものをコントロールする術はない」という誤解である。

ある種の感情から逃れるために、麻薬やアルコールに走り、過食やギャンブルに救いを見出そうとする人もいる。その挙げ句、うつ状態になってしまうこともある。すべての感情を押し殺しているうちに、感情のないロボットのようになり、人との絆がこわれ、大切な人を失ってしまうこともある。

一般に、感情とのつき合い方には、次に挙げる四つの方法がある。

1 回避――〝つらい目〟に遭わないよう予防線を張る

誰でも、苦痛を伴う感情は避けようとする。そのため、そういう感情を引き起こすつらい状況に陥らないように**予防線を張る**。極端な場合は、**すべての感情を押し殺そう**とする。

たとえば、人から拒絶されるのが怖いと、人とのつき合いそのものを避けるようになる。採用されない可能性の高い会社の採用試験は、はなから受けようとしない。

しかし、このような態度では、その場ではつらい思いをしないですむが、長期的に見ると、本当に愛に満ちた、親密な関係、充実した人生を築くことは難しい。しかも、結局のところ、何も感じずにいられるはずがないのである。

それよりも、最初はいやだと思っていた感情にも、よい面を見出そうとするのが効果的な対処法である。

2 拒絶――〝感情に秘められたメッセージ〟を無視する

二つ目の方法は**拒絶**だ。「そんなにひどくない」という言葉は、自分の感情と自分とを切り離そうとしている人の言うセリフだ。そう言いつつも、その人は心の中ではさまざまな思いにその感情をかき立てられている。本当は「弱みにつけ込まれた」とか、「自分は一生懸命やっているのに、うまくいかない」とか、「自分だけが貧乏くじを引いた」と思っているのだ。

こういう人は、焦点を変えたり、自分の生理状態を変えたりできず、いつも自分に変わり映えのしない質問をしては、やる気をなくしている。

実際に湧き上がっている感情と、その感情に秘められたメッセージを無視したところで、苦痛が増すばかりで状況が好転することはない。感情を拒絶したり、無視したりしても問題は解決できない。この章では、感情を理解し、活用する方法を学んでほしい。

3 競争――〝運に恵まれない自分〟を自慢する

多くの人は、苦痛を伴う感情に込められた〝前向きのメッセージ〟には目もくれず、いやな気分に振り回されるがままになっている。しまいには、自分がどんなに不運な人間かを他人と競い合うようになり、「運に恵まれないこと」を自慢するようになったりする。

このような態度は何としてでも避けなければならない。効果的で、健全な感情の処理法は、「苦痛を伴う感情にもプラスの側面があることを知る」ことである。

4 学習・利用――感情を味方につけ、人生に役立てる

すばらしい人生を送りたいなら、自分の感情を味方につけ、役立てていくこと。

感情から目をそむけたり、感じないふりをしたり、無視したり、感情なんかに意味はないん

だと自分を欺《あざむ》いたりしてはいけない。反対に、感情に振り回されてもいけない。**感情とは「目的達成のためにとるべき行動とは何か」を示す〝心の羅針盤〟**なのだ。この羅針盤の使い方を知らないと、いつまでたっても感情の嵐に翻弄されるばかりだ。

感情を〝手に負えない野獣〟にしないために

感情を有効に活用する唯一の方法は、感情が自分の役に立つものだと自覚し、感情こそ〝行動を促すきっかけ〟であると認識をあらためることだ。

そういうわけで、本書ではこれから「否定的な感情」とは言わずに、**「アクション・シグナル」**と言うことにしよう。一つひとつのシグナルと、そのメッセージの意味を知れば、感情は〝敵〟ではなく、〝心強い味方〟になってくれるだろう。

感情はあなたの友であり、メンターであり、コーチである。歓喜の時も、失意の時も、あなたを導いてくれるだろう。

感情を味方につければ、恐怖心から解放され、この上なく豊かな人生を経験できる。感情は手に負えない野獣でもなければ、論理の代用品でもなく、他人の気まぐれの産物でもない。感情は、よりよい人生を約束し、案内役を務める「アクション・シグナル」なのだ。

今この瞬間に感じている感情は、神様からの贈り物であり、ガイドラインであり、サポートシステムであり、〝行動を促すきっかけ〟である。

もし感情を排除したり押し殺したり、逆に実際以上に感情を肥大化させ、絶えず感情に振り回されていれば、あなたは貴重な能力の一つを無駄遣いしていることになる。

〝楽しい気分〟になるのに「特別な理由」はいらない

では、「感情の源」になっているのは何だろう。それはあなた自身である。

私はある時、カリフォルニアで開いたセミナーで、「誰が感情に責任を負うべきか」を考えさせる実験をした。このセミナーの会場は、四つ星クラスの一流リゾートで、海岸も近く、鉄道の駅からもすぐのところにある。一日に四回、列車が通るたびに大きな汽笛が聞こえる。参加者の中には、この汽笛の音に苛立ちを隠せない人も出てきたので、私はこれを利用して面白い実験をすることにした。

「これから汽笛が聞こえてきたら、みんなでお祝いをします。汽笛が聞こえた時、どれぐらい楽しい気分になれるか試してみましょう。楽しい気分になるには、それにふさわしい人や環境が必要だと思っている人がいますが、そんなことはありません。『列車の汽笛が聞こえたら、いつでも楽しい気分になる』というルールをつくれば、自然とそうなるんです」

そんなわけで、列車が通るたびに全員が立ち上がり、歓声を上げ、大騒ぎを繰り広げた。知性が売り物の医者も弁護士もＣＥＯも、ここでは別人のように騒ぎまくり、その後はみんなで大笑いしたわけだ。

この実験からわかることは、**「何も待つ必要がない」**ということだ。

楽しい気分になるために、特別な理由など必要ない。ただあなたが、その瞬間に楽しい気分になればいいだけのことである。

感情の源があなた自身であるなら、いつでも楽しくしていればいいではないか。

誰しも、外に出ようと、何度も窓ガラスに体当たりを繰り返すハエのようになりたくはない。しかし、もしあなたが毎日、何かしらに苦痛を感じているのなら、今、この場で「ものの見方」や「感情とのつき合い方」を変えなければ、どんな努力も報われることはないだろう。「アクション・シグナル」は苦痛という経験を通して、「今すぐ自分のやっていることを変えろ」と、語りかけているのだ。

〝マイナス感情〟を前向きに生かす六つのステップ

苦痛を伴う感情に襲われた時に、その感情が湧き上がってきたことのメリットを見つけ、そこから学んだことを生かすための六つのステップがある。それを簡単に説明しておこう。

①「本当の感情」を明確にする

切羽詰まった人間は、自分の「本当の感情」が見えなくなることがある。わかっているのは、否定的な感情に「襲われている」ということだけだ。

そういう時は、思い詰めずに、一歩下がって自分に問いかけてみよう。

「今自分は、本当はどう感じているのだろうか」

もし一番初めに「怒っている」と思ったら、

「自分は本当に怒っているのだろうか。それとも何か別のことを感じているのではないだろうか。本当は傷ついたり、何かをしくじったと感じていたりするのではないだろうか」

と自問し、**「本当の感情」を探っていく**こと。

傷ついたり、失敗したりした時の気持ちは、怒りほどには激しくないはずだ。少し時間をかけて、自分の本当の気持ちを明確にすれば、激情に足をすくわれることなく、より冷静にその場の状況に対応できる。

たとえば、「私は今、拒絶されている」と感じたなら、こう自分に問いかけよう。

「私は拒絶されていると感じているのか、それとも愛する人との間に溝ができたと感じているのか。あるいは幻滅を感じているのだろうか。少し居心地が悪いだけなのか」

変身ボキャブラリーには、感情の激しさを瞬時に鎮めるパワーがあることを思い出してほしい。

自分の本当の感情を明確にすることで、「感情」から何かを学び取ることも容易になるだろう。

②どんな感情であっても「受け入れる」

誰もが「間違った感情」は持ちたくないと思っている。自分の感じ方が「間違い」だと思うと、他者、そして自分自身との対話にも支障をきたす。どんなにみじめな感情、激しい感情であっても、自分の中から湧き上がってきた感情を信じようという気になれば、その感情が前向きに変化していくことを実感できるはずだ。自分自身との葛藤に終止符を打って、解決に向かって前進していることも実感できる。

感情は「悪」だとする姿勢では、激情の波を鎮めることはできない。抵抗すれば、感情はますます勢いを増してくる。

すべての感情をわけへだてなく受け入れること。そうすれば、親の愛情をほしがる子どもと同じで、感情もすぐにおとなしくなるだろう。

③「感情からのメッセージ」にもっと耳をすます

何らかの感情がこみ上げてきたら、その**感情に秘められたメッセージに関心を持つ**こと。

たとえば、もし寂しさを感じたなら、

「友だちがたくさんいるのに寂しいと思うのは、なぜだろうか。会いたいと言えば、きっとみんな喜んで会ってくれるだろう。この寂しさは、もっと積極的に、いろいろな人とつき合いなさいというメッセージなのかもしれない」

と考えてみるべきだ。


感情について自らに問いかける時は、次の四つの質問が役に立つ。

- 自分が本当に感じたいのはどういう感情か
- 今までと同じように感じるには、何を信じればいいのか
- 今の状況に対応し、問題を解決していくにはどうすればいいのか
- この状況から何を学ぶことができるのか

自分の感情に対して好奇心が湧いてくれれば、感情の持つ重要な特質を学べるだろう。

④「この感情は処理できる」という自信を持つ

次に、「自分にも感情をうまく処理できる」という自信を持つこと。感情を処理するのに、最も簡単で、時間もかからない効果的な方法は、以前に同じような感情に襲われた時のことを思い出し、その感情にうまく対応できた事実を再認識することだ。

過去に同じ経験があるなら、今度もまた大丈夫だろう。

その時のことを参考にして、今、どうすれば気持ちを変えられるか、考えるのだ。その時、あなたは何をしたか。

焦点の当て方を変えてみたのか。自分への問いかけや認識を変えてみたのか。それとも何か別の行動をとったのか。

今回もきっとうまくいくという自信を持って、今何をすべきか、心を決めよう。

落ち込んでいる時などは、「このあいだ落ち込んだ時、どうしたんだっけ」と、自問すればいい。ジョギングをする、電話をかけるなど、普段と違うことをしなかっただろうか。

その時のことを思い出し、それと同じことをすれば、きっと同じような結果が得られるはずだ。

⑤「今できることは、この次もできる」と自信を持つ

ステップ④で感情処理のしかたがわかったら、さらに一歩進め、同じアクション・シグナルが現われた場合に備えて練習しておくことだ。いとも簡単に感情を処理していく自分の姿を、視覚、聴覚、触覚を駆使して疑似体験するのだ。繰り返していくうちに、「こういう問題は簡単に解決できる」という確信が生まれてくる。

それに加えて、アクション・シグナルが発生した時に、自分の認識と行動を変えるための方法を三つか四つ、紙に書いておくのもいい。

⑥夢中になって、行動する

以上の五つのステップが完了したら、最後のステップはとにかく「夢中になって行動する」ことだ。何もしないで、グズグズしている場合ではない。認識と行動に変化を起こすべく、自分の中で繰り返し練習してきたことを生かすこと。

以上の六つのステップによって、人生で遭遇するほぼすべての感情に対応できる。この六つのステップに習熟すればするほど、感情に〝振り回される〟のではなく感情を〝操れる〟ようになる。

以前はいつ爆発するかわからないと思っていた〝感情の地雷原〟を巧みに前進していけるようになる。

感情を処理するには、できるだけ早い時期に手を打ったほうがいい。私のモットーは「怪物は小さなうちにやっつけろ」である。アクション・シグナルを感知したら、すぐにこの六つのステップを使って対応することだ。

〝苦い感情〟こそ大切なメッセンジャー

六つのステップを確実に実行すれば、ほとんどの感情を変えられるが、それ以前に、感情やアクション・シグナルが伝えようとしている**〝有益なメッセージ〟**を理解しておくことが重要である。

これから、**たいていの人が避けようとする「十の感情」**についてお話ししたい。実はこれらの感情は、あなたを**「行動へと駆り立てる力」**でもあるのだ。

できることなら、この項を何度か読み返し、重要なところには線を引き、カードに書き移して、いつでも持ち歩くようにしてほしい。車のサンバイザーにこのカードを挟んでおけばいつでも見られるし、交通渋滞に巻き込まれてイライラしている時などにそれを見れば、そんなイライラした感情にも、有益なメッセージが込められていると思い出せるだろう。

①不快――「視点がずれている」というシグナル

退屈、焦燥感、不安、苦悩、軽い困惑といった不快な感情は、「何かがおかしい」というメッセージである。あなたの視点がずれているか、行動が〝思い通りの結果〟につながっていないことが考えられる。

「不快」という感情の解決策

不快感の解消法は簡単だ。

1 本書で学んだ技術を駆使して、心の状態を変える。
2 自分が何を望んでいるかを明確にする。
3 いつもとは少し違ったやり方、行動を試してみて、現状に対する感じ方が変わるか、結果に変化が現われるかを見る。

他の感情と同じように、不快感も放っておくとだんだん激しさを増してくる。たしかに不快感もつらいといえばつらいが、これからどんなにつらい思いをするのだろうという予測のほうが、はるかにきつい。

人間は豊かな想像力を働かせて、実際よりも十倍もつらいと感じてしまうのだ。チェスや格闘技の世界では、「実際の攻撃よりも、攻撃の脅威を相手に与えるほうが効果的」と言われているほどだ。

「この先、とんでもなく大きな苦痛が自分を待っている」と思うようになると、第二のアクション・シグナルが現われる。

②恐怖——「何かに備えよ」というメッセージ

恐怖感には、ちょっとした心配から強い不安、驚き、ゾッとするような恐怖まで、すべてが含まれる。

恐怖を感じるのは、「覚悟しておかなければならない何か」が起ころうとしている予感があるからだ。つまり、恐怖感が襲ってきた時というのは、何かしらの準備を整えたり、何らかの手を打っておく必要に迫られていたりするということだ。

ところが、ほとんどの人は恐怖から目を逸らそうとするか、恐怖に頭までどっぷり浸かるかのどちらかである。

これでは、恐怖が伝えようとしているメッセージは届かず、恐怖はメッセージを伝えるために、どこまでも追いすがってくる。

「恐怖」という感情の解決策

あなたが恐怖を感じる対象は何かを考え、恐怖を克服する「最善の策」は何かを考えること。

そして、あなたが恐れていることへの備えは完璧・万全であり、恐怖が現実になることはないと信じること。

しかし、万一恐怖が現実になった時にあなたが経験するのが第三のアクション・シグナルだ。

③傷心――「期待を裏切られた」という喪失感

プライベートにおいてもビジネスにおいても、人間関係を大きく左右するのは「心の痛み」である。心の傷は喪失感によってつくられることが多い。心に傷を負った人は、急に人に食ってかかったりする。

傷心が発するメッセージは、「期待を裏切られた」である。こういう気持ちになるのは、約束を反故にされた時だ（それが言葉による約束ではなく、あなたの期待していることが相手に伝わっていなかった場合も同じ）。この時、あなたは相手を他人行儀だと感じ、信頼できなくなる。この喪失感が心の傷になる。

「傷心」という感情の解決策

1 現実には何も失っていないと気づくこと。「相手が自分を傷つけようとしている」という認識こそ改めるべきである。相手はきっと、自分の行動があなたの人生にそれほど大きな影響を与えているとは思ってもいない。

2 気持ちを落ち着けて、状況を見直す。「本当に失われたものはあるか。結論を出すのはまだ早すぎるのではないか。私の判断は厳しすぎるのではないか」と自分に問いかける。

3 当の本人に、それとなくあなたが喪失感に悩まされていることを伝える。「このあいだ○○だった時、もう僕のことなんかどうでもいいんだと思って、喪失感を味わったんだ。あれはどういうことなのか、説明してくれないか」

コミュニケーションの取り方を変え、〝本当のところ〟がはっきりすれば、またたく間に心の傷は癒えるだろう。

ところが、心の傷は放置すると、どんどん深くなり、怒りに変わる。

④怒り――「ルール、規範が侵害された」という叫び

怒りには、ちょっとしたイライラから腹立ち、憤慨、激怒、激高まで、すべてが含まれる。怒りに秘められたメッセージは、人生のよりどころとしているルールや規範が、誰かに（時には自分自身という場合もある）侵害されたということである。

「怒り」という感情の解決策

1 相手を完全に誤解している可能性もある。もしかしたら、相手はあなたが何を大切に思っているのかを知らずにいるだけかもしれない。

2 たしかに相手はあなたのルールを破ったかもしれないが、どれほど思い入れがあろうとも、あなたの規範が必ずしも正しいとは限らないと知るべきである。

3 怒りを抑えるには、「このことから何を学ぶべきか。どういうふうに説明すれば、このルールの重要性を理解してもらい、二度とこのルールを破らず、私に手を差し伸べてくれるだろう」と自問し、自答する。

それでも腹が立つなら、自分の認識や行動を変えてみる。

たとえば「ちょっと、これは個人的なことなんだ。他の人には言わないと約束してほしい。私にとっては、本当に大事なことなんだ」という具合に、相手に直接言ってみる方法もあるだろう。しかし、怒りが収まらない時や、自分の決めた規範を相手が守ってくれない時は、欲求不満になる。

⑤欲求不満――「自分なら、もっといい結果を出せるはず」

人生は通行止めだらけだと感じた時や、どんなに努力しても報われないと思った時、人は欲求不満を感じる。

欲求不満からのメッセージは、ワクワクするようなシグナルだ。あなたの脳は、「自分なら、もっといい結果を出せるはずだ」と主張している。

ほしいものがあるのに絶対に手に入らない時に感じる「失望」と「欲求不満」とは、まったく別物だ。失望と違って、欲求不満は積極的なシグナルである。問題の答えは手の届くところにあるのに、今やっていることがうまくいっていないということだ。

目的達成のために方法を変えるなど、もっと柔軟に対処しろというアドバイスでもある。さて、欲求不満にはどのように対応すればいいのか。

「欲求不満」という感情の解決策

1 欲求不満は「よき友だ」と認識し、どうすれば柔軟に対応できるか、ブレイン・ストーミングで新しい方法を見つけ出し、結果に結びつけること。

2 うまくいかない状況を打開するために「情報」を集める。やりたいことを実現する方法を知っている人を見つけて、手本にする。その人に、効率よく結果を出すためのアドバイスを求める。

3 今後、同じような問題にぶつかっても、欲求不満は楽しみながら問題解決できる機会だと喜ぼう。

欲求不満よりもはるかに危険な感情は「失望」である。

⑥失望――「裏切られた、チャンスを逃した」時に感じる〝圧倒的な感情〟

失望には迅速に対応しないと、大変なことになる。失望は、裏切られたり、チャンスを逃したりした時に感じる圧倒的な感情である。期待したほどの結果が得られず、悲しくなり、打ちのめされたように感じるのも失望である。

失望からのメッセージはこうだ。

「あなたが期待していたこと（目指していた目標）は実現しそうにないので、今の状況に基づいた予測を立て、新しい目標に向かって方向転換をするべき時が来た」。これがそのまま解決策でもある。

「失望」という感情の解決策

1 現状から学ぶべきことはあるか、それは最初に目指していたことの実現に役立つかを早急に判断する。

2 新しい目標を設定する。達成に向かって前進せずにはいられなくなる、自分を鼓舞するような目標がいい。

3 「結論を急ぎすぎているかもしれない」という自覚を持つ。今忘れてならないのは、神様がなかなか望みをかなえてくれないからといって、拒絶されたわけではないということだ。少し時間がかかっているだけなのだ。

人間は、まったく現実味のない期待を抱き、それが実現しないと失望することが多い。「今日、種をまけば、明日、大木になる」と期待してはいけない。

4 今の状況はもう片がついたわけではないと肝に銘じ、さらなる忍耐を心がける。自分が何を望んでいるのか、徹底的に再確認し、目標達成に向けた効率的な計画を立てる。

5 失望感に一番よく効く解毒剤は、過去はどうあれ、将来に向けて積極的に取り組む姿勢を身につけることだ。

しかし、究極の失望感は、「罪悪感」という形で表現される。

⑦罪悪感――〝同じ間違い〟を犯さないために手を打つ

罪悪感、後悔、良心の呵責《かしやく》などは、できることなら避けたい感情だが、同時に、有益でもある。

罪悪感は、あなた自身が最も重要な規範を破ってしまったことと、今後、同じ間違いを犯さないために、ただちに手を打つべきだということを教えてくれている。

罪悪感は、多くの人にとって、行動を変える上での究極のレバレッジ・ポイントである。しかし、中には罪悪感を否定し、抑え込もうとする人もいる。だが、それでは罪悪感が消えないどころか、ますます強烈になっていく。

また、罪悪感に打ち負かされ、甘んじて苦痛を受け入れ、絶望感に浸る場合もある。罪悪感は「変化につながる行動」へと私たちを駆り立てようとしているのに、それを理解できない人は過去の過ちをいつまでも悔やみ、死ぬまで劣等感に苛まれる。罪悪感のメッセージとは、確実に失敗に終わるような行動を回避するためのものなのである。

■「罪悪感」という感情の解決策

1 自分で決めた規律を自ら破ったことを認める。

2 二度とそのような行動はとらないと、自分自身に対して誓う。もし、もう一度同じことが起き、同じように罪悪感を覚える状況に陥っても、自分自身が定めた厳しい規律に基づいて対処できるように繰り返し練習しておく。そのような行動は絶対に繰り返さないと確信できた時、初めて罪悪感から解放されるだろう。

罪悪感は活用するべきものであって、それに呑み込まれてはならない。

しかし、自分で設定した規範を破り続け、精神的、情緒的に自らを追い込んでいく人がいる。彼らが感じるのは「無力感」である。

⑧無力感――「今のスキルは、必要なレベルに達していない」

「できて当然」のことができなかった時、私たちは「自分は取るに足りない人間だ」と感じる。

問題は、「自分は力不足かどうか」を判断する基準にまったく公平さが欠けているケースが多いことだ。

無力感が伝えようとしているメッセージとは、「今のところあなたのスキルは、仕事に必要なレベルに達していない」である。あなたに必要なのは、情報、周囲の理解、戦略、ツール、そして自信である。

■「無力感」という感情の解決策

1 「私は本当に、無力感に打ちのめされるほど力不足なのか。それとも、ものの見方を変える必要があるのか」と、自分に問いかける。たぶん、あなたは自分に十分な能力があることを示すには、ダンスフロアでマイケル・ジャクソンばりの踊りを披露しなければならないと思い込んでいる。恐らく、その考え方が不適切なのである。

また、無力感を抱くのもしかたがない、と本当に思うとしたら、それは「もっとうまい方法を見つけなさい」というメッセージにほかならない。その場合の解決策は、自ずと明らかである。

2 無力感を覚えた時こそ、「向上心」が真価を発揮する時だ。自分は「完璧」ではなく、またそうある必要もないと自覚しよう。その自覚があれば、「よりよくなろう」と全身全霊で取り組もうと決意でき、そのことを決意した瞬間に、「自分にも十分に能力がある」と感じられるだろう。

3 自分が不得手な分野でバリバリ仕事をこなしている人をロールモデルにして、コーチングをしてもらう。不得意なことをマスターしようという気持ちになり、ほんのわずかでも進歩があるだけで、向上心が湧いてくるものだ。

無力感に襲われると、絶望の罠にはまり、問題は永遠に解決しないと思えてくる。それは人生最大の嘘である。あなたは「能力がない」のではなく、「訓練が不足していて、技術が十分身についていない」だけなのだ。あなたには、どんなことでもやり遂げる能力が備わっているのだ。

しかし、問題が山積みで、解決には長い時間がかかり、「とても手に負えない」と思った時に感じるのが「重圧感」である。

⑨重圧感——「自分の最優先事項を考え直せ」というメッセージ

悲嘆、憂うつ、絶望は、重圧感からくる感情である。悲嘆は、「もう手の打ちようがない」とか、「自分の力が及ばず、すべてが悪いほうへ進んでいる」と感じた時に起こる。悲嘆にくれている人は打ちのめされ、状況を変えることも、問題を解決することも不可能と思い込む。

何を見ても、とても自分の手には負えないと感じた時、こういう気持ちになる。

重圧を感じた時は、「今の自分にとって何が一番重要なのか」を考え直してみる必要がある。〝お手上げの状態〟になっているのは、一度にたくさんのことを処理しようとしすぎていたり、一夜にしてすべてを変えようとしているからではないだろうか。重圧感は他のどの感情よりも重く心にのしかかり、人生をも押しつぶしてしまう。

「重圧感」という感情の解決策

1 「やらなければならないこと」は多いが、その中でも何がとくに重要かを決める。
2 やり遂げるべき重要事項を書き出し、優先順位の高い順に並べる。紙に書くだけでも、状況を把握し、解決に向けて進んでいると実感できる。
3 優先順位の一番高いものに取り組み、やり遂げるまであきらめない。それが片づけば、自ずと勢いもついてくる。主導権を握っているのは自分であり、決して重圧に押しつぶされることはないと自分の脳に納得させる。問題は解決可能で、いつでも解決策を思いつけると確信すること。
4 「重圧感を感じる必要はない」と思えば、自分にできることに精神を集中できるし、「プレッシャーこそ能力を引き出す」と理解できる。

自尊心というのは、「自分がいかに環境を支配できるか」によるところが大きい。そして、精神的に厳しい要求が突きつけられる環境で、重圧を感じるのは当然である。だが、自分の手の届く範囲のことに気持ちを集中し、一つずつ問題を解決していけば、状況を変えていける。

多くの人が最も恐れているのは、孤立無援の状態になることだ。そうなった時に感じるのが孤独感である。

⑩孤独感――「人とのつながり、絆を築け」というシグナル

寂しさ、孤立感なども孤独感と同じだ。「心底寂しい」と感じた経験のない人など、この世にはいないのではないだろうか。

孤独感とは、「人とのつながり」を求めようとする感情である。しかし、そのメッセージは何を意味しているのだろう。つながりと聞くと、性的な関係を思い浮かべる人がいるが、その場限りの愛情は孤独感を際立たせるだけである。

「孤独感」という感情の解決策

[1] 孤独を解消するには、自分から人とのつながりを求め、孤独感に終止符を打つことである。受け入れてくれる人は、いろいろなところにいるものだ。

[2] 自分がどういう人間関係を求めているかを明確にする。親密な関係か、友情か、一緒に楽しく話をしたいのか。自分が何を求めているのか、など。

[3] 孤独感は、「自分には他人に対する思いやりがあり、みんなと一緒にいるのが好きだ」と自覚させてくれる。今、自分がどういう人間関係を求めているのかわかれば、すぐに行動に移さずにはいられなくなる。

[4] すぐに行動して、絆を築こう。

以上が、十個の「アクション・シグナル」だ。どのシグナルにも人を鼓舞するメッセージが込められており、考え方、コミュニケーションスタイル、行動をよりよく変える「きっかけ」を与えてくれる。

ほとんどの否定的な感情は、この十のカテゴリーに分類できる。中には二つのカテゴリーが組み合わさったものもあるだろう。しかし、どんなにつらい感情であっても、すでに紹介した六つのステップに従って、シグナルに込められた「プラスの意味」を見つけ出せば、必ず解決できる。

あなたの心、感情、精神を畑だとすると、〝豊かな収穫〟を確実に得るには、愛、思いやり、感謝の種をまくことだ。間違っても失望、怒り、恐怖の種をまいてはいけない。

否定的なアクション・シグナルは、いわば雑草のようなものだ。雑草がはえたら、あなたも「もっと有益で、健康な苗を育てるには、雑草は抜かなければならない」と気づくはずだ。

〝心の畑〟にまいて大切に育てたい「感情の種」

心の畑には、まくべき「十の感情の種」がある。自分の理想とする感情に焦点を当てながら、この種を大切に育てれば、「人生の可能性」が最大限に引き出され、今よりはるかに次元の高い人生を送れるはずだ。そして、今までの否定的な感情の〝特効薬〟として効力を発揮してくれるだろう。

①愛と思いやり――〝否定的感情〟の解毒剤

常に愛情あふれる人と一緒にいると、否定的感情は解消される。あなたに対して腹を立てている人にも、愛情を持って接することができる。

それには『奇跡のコース』（イエスが心理学者、ヘレン・シューマンに口述させたとされるチャネリング本）にある**「すべてのコミュニケーションは、愛情のこもった回答か、助けを求める叫びかのどちらかである」**というすばらしい考え方を身につけねばならない。

傷ついている人や、怒っている人と相対する時は、常に愛情と思いやりを持って接すれば、相手の心の状態も変わるし、感情の高まりも治まるだろう。

②感謝――最も〝精神性の高い〟感情

私にとって、最も精神性の高い感情は「感謝」である。人生が私に与えてくれた贈り物、人々からの贈り物、経験からの贈り物、それらすべてに、いつも思いと行動の両方を通して感謝の念を伝えている。

感謝の気持ちを忘れないでいると、人生はすばらしいものになる。感謝の心を育むことは、人生の深みを増すことである。生きている限り、感謝の心を忘れないようにすること。

③好奇心――「不思議、大好き」で生きる

成長を望むなら、好奇心旺盛な子どものように学ぶこと。子どもは〝不思議に思うこと〟を

知っている。だから、子どもは人の心を引きつけるのだ。

退屈がいやなら、好奇心を持つこと。好奇心さえあれば、どんな雑用も面白くなり、自然に学ぼうという気持ちになる。好奇心を大切にし、学ぶ喜びを一生味わい続けよう。

④興奮と情熱――あらゆる輝きをもたらす〝爆発的な力〟

興奮と情熱は、あらゆるものを輝かせる。情熱はどんな苦境も、すばらしいチャンスに変えてくれる。情熱は、人生をびっくりするようなスピードで前へと推し進めてくれる爆発的な力である。十九世紀の英国の政治家ベンジャミン・ディズレーリの言葉を借りるなら、

「人間が真に偉大なのは、情熱に突き動かされて行動する時だけ」


なのだ。

では、どうすれば情熱的でいられるのか。それには、自分の生理機能を活用すればいい。話すスピードを速くする。イメージを素早く思い描く。行きたいと思う方向に身体を動かす。ただボーッと座って、考えているだけではだめだ。

居眠りしていたり、息が浅かったり、間延びした話し方をしていたりでは、情熱が身体の中に満ちてくることはない。

⑤決断力――「価値のある人生」をつくる源

「持続性のある価値」を生み出していくには、「決断力」が欠かせない。価値ある人生を歩もうとしている時には、混乱、難題、失望、幻滅にぶつかることがある。そんな時、決断は進むべき方向を示してくれる。

決断とは、**「やり遂げなければならない」という意識のひらめき**があるか、ないかを示すものだ。たとえば、体重を減らしたい、取引先に何本か電話をかけたい、何かをやり遂げたいと自分を駆り立てたとしても、実際の行動に移すのは難しい。しかし、決断力さえあれば、何なくこなせるだろう。

決断は行動の源であり、行動は目的達成の礎である。決断力を持つとは、他の可能性は除外して、首尾一貫した、断固たる決意を固めることである。

達成感の連続の人生を送るか、それとも失望続きの人生で終わるかは、強い決断力が身についているか否かで決まる。

⑥柔軟性――柳の木は〝激しい風〟も受け流す

断固としてやり遂げる局面が必要な場面は多いが、その一方で目標達成の方法をいつでも変えられる「柔軟性」も、成功を手に入れるために、心にまくべき種である。

「柔軟になろう」とすることは、「幸せになろう」とすることでもある。

人生には、自分の力ではいかんともしがたいことが起こるものだが、そんな時、臨機応変に対応できるかどうかが、長期的な成功と失敗を決定するのだ。柳の木は激しい風でも受け流し、樫《かし》の巨木が強風にバッタリと倒れてしまうこともあるのを忘れてはならない。

⑦自信――「信念の力」が人生を切り拓く

自分の価値や能力に対する揺るぎない自信こそ、誰もが身につけたいと思っているものだ。初めて経験する環境や状況にあっても、変わらぬ自信を持ち続けるには、「信念の力」を借りる必要がある。

「いつか自然と自信が湧いてくるだろう」ではなく、**今ここで、自信があったらどんな気持ち**

になるかを想像してみること。自信があれば、可能性に賭けたり、勝負に出たりできる。

信念や自信をより強固にするには、とにかく練習を積むことだ。もし、「靴の紐を結ぶ自信があるか」と聞かれたら、たいていの人は「ある」と答える。それは今までに何千回と靴の紐を結んできたからだ。それと同じで、常に自信を持ってことに当たるようにしていれば、その効果の大きさに目を見張るだろう。

何ごとにも積極的に取り組むためには、恐怖心を取り除き、自信を持つことが第一である。人生における悲劇とは、「恐怖心で動けなくなること」である。

抜きん出た成果を上げる人たちの成功の源は、本人たちが意識していない「信念」がもとになっている場合も多いことを忘れてはならない。「信念」に基づいて行動する力こそが、人類を進化させてきたのだ。

⑧快活さ——それは〝ずば抜けた知性〟の表われ

私は人からよく、「とても幸せそうに見える」と言われる。たしかに私はずっと幸せだったが、自分の顔に幸せそうにしていろと言った覚えはない。

「自分の内面で幸せを感じ、快活さがあふれてくる」のと、「外面的に快活そうなふりをする」のとは、まったく別のことだ。**快活さは自尊心を高め、人生を楽しいものにし、周りの人も幸せにする。**また、快活さは恐怖心や心の傷、怒り、欲求不満、失望、憂うつ、罪悪感、無力感をあなたの人生から一掃してくれる。

何が起こったとしても、快活であること以上に人生をいい方向に導くものはないと気づいた時こそ、あなたは快活さを身につけられる。

もちろん、快活さとは、あなたが能天気だとか、バラ色の色めがねをかけて世の中を見ていて、問題があっても認めようとしないということではない。

快活さは、あなたのずば抜けた知性の表われである。

なぜなら、喜びの状態――それも、あなたの喜びが周囲の人に伝わるような強烈なものの場合――で人生を生きているなら、どんな難問にぶつかっても克服できるからだ。快活さを育めば、「苦痛を伴う」アクション・シグナルなど、もう必要ない。

⑨活力――エネルギーを使うことでエネルギッシュになれる

活力は非常に重要だ。あらゆる感覚は「身体」を通して感じるものだから、身体が健康で生き生きしていなければ話にならない。イライラする時、元気が出ない時こそ、基本を見直すべきである。呼吸のしかたも大切だ。ストレスを感じている人は呼吸が浅く、エネルギーを失っていく。正しい呼吸法は、健康づくりには欠かせない。

また、活力を充実させるためには、神経を休めるためにも、休息と充電が必要になる。ところで、毎日の睡眠時間はどれぐらいだろう。八〜十時間寝ているという人は、寝すぎだろう。六〜七時間が人間にとって最適の睡眠時間と言われている。

一般に考えられているのとは違って、じっと座っていても、エネルギーを節約することにはならず、逆に一番疲れを感じるのだという。人間の神経システムは、エネルギーを得るためには運動を必要とする。つまり、**エネルギーを使うことで、エネルギッシュになれる**のだ。

運動すると酸素が全身を駆けめぐり、健康が増進されると同時に、精神的な活力も高まり、人生で遭遇するいかなる難題にも対応できるようになる。つまり、「活力」は情熱を失わないために必要なのはもちろん、どんな感情に対処する時にも欠かせないものなのだ。

⑩貢献――「よりよく生きるためには、与えなければいけない」

何年も前、かなり苦労していた時代に、深夜に高速道路を車で走っていた時のことだ。私は運転しながら自問自答を繰り返していた。

「人生をよりよいものにするには、どうすればいいのか」

その時、ある考えが頭に浮かんだ。そして、すぐに車を停めて、その考えをどうしても書きとめておかねばという強い思いにとらわれた。

その考えとは、**「よりよく生きるためには、与えなければならない」**というものだ。

自身の成長と可能性を追求することが大きな満足感をもたらすのは言うまでもないが、私の知る限り、「大切な人や見知らぬ人の人生経験によい影響を与えた」という感覚ほど豊かな気持ちにさせてくれるものはない。

人間として生まれたからには、自分のことだけにかまけるのではなく、多くの人々の役に立ちたいという心を持たねばならない。

だが、自分を犠牲にしてまで人に尽くそうとしてはいけない。殉教者気取りと、人の役に立つこととは違う。しかし、人のために尽くすことで、自分の人生の意味を自覚できるなら、どんな大金や業績、名声、称賛の言葉にもまさる誇りと自尊心を持てるだろう。

自分が何かに貢献しているという感覚は、人生を意義深いものにしてくれる。すべての人間が、そういう気持ちを育んでいったなら、この世はすばらしく住みよい世界になるだろう。

以上、紹介した十の「心の種」を毎日、精神の畑にまいて、自分の人生がいまだかつてないほど生き生きと育っていくのを、その目で確かめてほしい。

先に述べた「否定的な感情」（アクション・シグナル）を、「肯定的な感情」を育むきっかけとして利用することは、何よりも重要である。不愉快な時は愛と思いやりが、恐怖を感じている時は感謝の気持ちが、精神状態の変化をもたらしてくれるというわけだ。

この章から皆さんに読み取ってほしいことは、**「すべての感情を大切にするのが、いかに重要か」**である。

さまざまな感情がもたらす学びの瞬間を楽しもう。否定的な感情を、決して自分の敵だと思わないでほしい。そういう感情は、「変化が必要なこと」をあなたに伝えようとしているだけなのだ。

今日から二～三週間は、あらゆる感情から学ぶことを楽しもう。いつでも万華鏡のように多彩な感情の変化を経験できるだろう。怖がらずに、ジェットコースターに乗ったつもりで楽しんでほしい。

10

「想像力」は夢への最短ルート

——ワクワクした瞬間、自分に魔法がかかる

Awaken the Giant Within

〝分別くさい考え〟は脇へ置いておく

多くの人は、「何をすべきか」を知っていながら、実行できないでいる。それは、行動の先に〝すばらしい未来〟が待っているのを知らないからだ。

本章では、あなたに思う存分**「想像力」**を働かせてもらい、誰も思いつかないようなアイデアを出してほしい。そして、もう一段上の人生を手に入れてもらいたい。

想像力を全開にするには、常識を捨て去り、子どもに戻ることだ。ほしいものを何でも手に入れてしまう子どもになろう。

『千夜一夜物語』の中で私が一番好きな話は、もちろん『アラジンと魔法のランプ』だ。誰でも一度は、こんな魔法のランプがほしいと思ったに違いない。ほんのひとこすりするだけでランプの精が現われ、どんな望みでもかなえてくれる。ただし三つだけ。ところが、あなたの持っているランプは、いくつでも願いをかなえてくれるのだ!

あなたの中に眠っている大きな力を、いよいよ手に入れようではないか。

一度、あなたの中で眠っている巨人を目覚めさせる決心をしたら、もうブレーキはきかない。精神的にも、感情的にも、肉体的にも、経済的にも、想像を超えた豊かな世界があなたを待っているのだ。

人生の目的が「請求書を払う」ことになっていないか

「トニー、どうしてそんなにいつも元気なんだい。それだけ一生懸命なら、成功して当たり前だよ。私には、そういう勢いがない。たぶん、やる気が足りないんだな。怠け者なんだよ」

こんな言葉をかけてくる人は多いが、そんな時、私はきまってこう返すことにしている。

「怠け者なのではなく、目標がつまらないだけですよ」

すると、困ったような顔をされることが多い。

そこですかさず**「元気の秘密は目標にある」**ことを説明する。

毎朝起きると、寝不足で疲れていても、私の気力は常に充実している。なぜなら、私は**ワクワクするようなすごい目標のために頑張っているから**だ。目標達成のために朝早くから夜遅くまで働き、的確な方法で道を切り拓き、私の力の及ぶ範囲で利用できるものはすべて利用する。

誰でもそうしたエネルギーと使命感を持つことはできる。しかし、それは**「より大きく、人を鼓舞するような、やりがいのある目標」**を立てた場合に限る。

「請求書を払う」ことが人生の目的になってしまっている人は多い。彼らは、何とかやりくりして、今日一日を無事に過ごせればいいと思っている。生活に追われ、人生をデザインする暇などない。そんな生活では、隠れた才能を引き出すことはできない。

自分の中に「無限の可能性」を見出すためには、限界に挑戦しなければ達成できないほど大きな目標を立て、正真正銘の潜在能力を引き出さなければならない。

目標を設定した瞬間に〝無限の知性〟が味方につく

同じ目標を立てるなら、自分をその気にさせるスケールの大きさと、全力で挑戦したくなるような魅力を持った目標にすること。

私が「この目標なら大丈夫」と感じるのは、一見不可能なのに、それを達成した時のことを考えると興奮を抑えきれなくなる場合だ。本物のひらめきを得て、不可能と思われる目的を達成するには、〝分別くさい考え〟には引っ込んでいてもらうしかない。

「夢」を「現実」に変える第一歩は、目標を設定することだ。これがすべての成功の源である。それはまるで無限の知性が、あなたが強い「思い」によってつくり上げた鋳型を満たしていくようなものだ。言い換えれば、刻一刻と投影されるあなたの「思い」が、あなたという存在をつくり上げるのだ。

人生の目標とは、すべての「思い」を一定の方向に導引する基本計画なのだ。名作を完成させるのと、他人の作品を模倣するのと、どちらを選ぶだろう。人生のエキスを味わうなら、小さなお猪口がいいか、大ジョッキがいいか。

その答えは、あなたの目標を見れば一目瞭然である。

〝適度なストレス〟は人生を充実させる

目標を設定するとは、たゆまぬ努力をすることだ。誰もが、永続的で終わりのない改善を目指さねばならない。

たとえば、一時的な不快感からくる不満が募った結果、思わぬ力を発揮することがある。こういう苦痛は、瞬時に前向きな行動に転換できるので、人生に不可欠なものだ。

ストレスには「よいストレス」と「悪いストレス」があるが、これはよいストレスにあたる。

よいストレスは、絶えず前向きな勢いを生み出し、自分と周囲の人の「人生の質」を高めていく原動力になる。

人間はストレスを避けようとするものだが、緊張感や適度なストレスがないと、人生は退屈で、パッとしない経験の連続になり、誰もが不満を漏らすようになる。


実を言えば、興奮している時、人間はある種のストレスや緊張感を感じているが、その強さは「やや刺激的」という程度で、決して圧倒されるほどのものではない。

ストレスは「うまくコントロール」することで、「最高の人生」を生きるツールとして活用できる。

また、ストレスを活用する簡単な方法は、「自分の一番大切な夢の実現のためには、どんな犠牲もいとわない」と尊敬する人の前で宣言することだ。そうすれば焦りを感じたり、難題に直面したりした時も、本筋からはずれることはない。

うんざりしたり、不安になったりした時、何をやってもうまくいかない時は、宣言したことを思い出せば、もっと頑張ろうという気になるし、友だちが支えになってくれるだろう。

〝ゴールの手前〟で棄権しないために

成功の秘密を探っていくうちに私が気づいたのは、質の高い人生を手に入れるために必要なのは、**才能よりも、むしろ努力と忍耐だ**ということだ。

世の中にはゴールの手前一・五メートルで苦しくなって、棄権してしまう人が多すぎる。思うに、**人生は常に「私たちがどれだけ真剣に取り組んでいるか」を試そうとしているの**ではないだろうか。

たゆまぬ努力の末に目標を達成した人だけが最後に報われる。首尾一貫した強い意志は、山をも動かすだろう。

簡単に聞こえるかもしれないが、夢を実現するか、後悔の念に苛まれながら生きていくかの違いは、この一事に尽きるのである。

「無」から「有」をつくり出せる才能は得がたいものだ。だから、私は詩人や作家、俳優、起業家——**「思いを形にする人」**には尊敬の念を抱いている。

創造性と人間的成長、そして成功のロールモデルとして際立っているのは、ソニー・ピクチャーズのCEO、ピーター・グーバーだ。

彼と、パートナーのジョン・ピーターズは、二人で五十二回もアカデミー賞にノミネートされている。主な作品に、『レインマン』『バットマン』などがある。

競争の激しい映画業界でこれだけの影響力を持てたのは、確かなヴィジョンと不屈の忍耐力があったからこそである。

グーバーのとてつもない成功の陰には、**一度目標を定めたら、何があっても途中であきらめない執着心**があった。

一九七九年、彼とジョン・ピーターズは、『バットマン』の映画化権を手に入れたが、実際に制作に着手できたのは一九八八年になってからだった。

その間、話を持ちかけた相手は、ことごとくその企画をつぶそうとした。映画スタジオの重役連中は、『バットマン』を見たがるような観客はいない、見るのは子どもと漫画オタクだけだと言った（バットマン役にマイケル・キートンを起用したことに、彼らは激怒した）。

さまざまな挫折と危機を乗り越え、グーバーとピーターズの『バットマン』は、トップクラスの興行成績を上げることになる。しかも、公開第一週の収益は史上最高を記録した。入場料とキャラクター商品による収益は、十億ドルを超えるといわれている。

“人並み外れた忍耐力”がチャンピオンをつくる

グーバーのもう一つの重要な作品は『レインマン』である。彼なしにこの映画が完成することはなかっただろう。制作過程で、五人の脚本家が執筆にかかわり、三人の監督が途中で降板した。その中には、スティーブン・スピルバーグもいた。

できることなら、脚本にアクションか、殺人事件か、少なくともセックスシーンを書き加えてほしいと言った監督もいた。二人の男が車に乗って、アメリカ横断の旅に出る映画など見たがる人はいないと思ったからだ。しかも、そのうちの一人は「自閉症」なのだ。

しかし、感情の持つパワーの重要性を知り尽くしているグーバーは、人間の魂をゆさぶるような映画づくりを目指していた。**「何が人を感動させるか」**を知っていたので、自分の意見を曲げようとはしなかった。そして、「この映画は人間関係を描いた作品であり、兄弟がお互いに理解を深め合うこと以外にアクションは一切必要ない」と断言した。

そして、ご承知の通り、『レインマン』はオスカーを受賞した。スピルバーグをはじめ、映画界の大御所たちが口を出してきても、彼は一歩もゆずらなかった。そのかいあって、第六十一回アカデミー賞の作品賞、主演男優賞、監督賞、脚本賞を受賞した。

グーバーは「新作は必ず前作を上回る作品に仕上げなければならない」と考えていたが、こんなに怖いことは他にない。しかし、彼はそうしたストレスを楽しみ、原動力に変えていくのだという。


失敗するくらいなら、最初からやらないほうがいいと考える人もいるが、もっと悪いのは、いったん始めたことを途中で放り出すことだ。そういう人は、目標に向かって進み出したものの、石切り工のような粘り強さに欠けている。すぐに結果が出ないために、さっさとあきらめてしまうのだ。

チャンピオンになって自分の夢を実現した人たちに共通するものがあるとすれば、それは人並み外れた忍耐力である。必要に応じて違った手段を講じることはあっても、最終的なヴィジョンが変わることはないのだ。

「熱い思い」を現実化させる方法

では、いよいよ「無」から「有」をつくり出し、「夢」を「現実」に変える第一歩を踏み出そう。これから紹介する方法で想像力をはばたかせれば、輝かしい未来が目の前に姿を現わし、前進せずにはいられなくなるはずだ。目標は、四つのカテゴリーから成っている。

①自己実現
②キャリア・仕事・経済状態
③遊び・冒険
④社会への貢献

それぞれについて、ブレイン・ストーミングの時間を設けよう。時間をかけずに、絶えずペンを動かしながら、思いついたことをそのまま紙に書く。常に、「ほしいものが何でも手に入るとしたら、何がほしいか」「失敗しないとわかっていれば、やりたいことは何か」と、自問し、自答する。方法について考える必要はない。ただ、「本当にほしいものは何か」をはっきりさせる。自分の能力に疑いを持ってはいけない。

やる気になって、内に秘めた能力を思う存分に発揮すれば、目標を達成する道筋が見えてくる。

ただし、初めのうちは、「サンフランシスコのノブヒルに家がほしい。真っ白でモダンな家具をそろえ、ところどころにあざやかな色でアクセントを入れる。それにビクトリア朝風のローズガーデン」のような細かすぎる目標は考え物である。

もっとシンプルに「夢のような家。大きな庭。サンフランシスコ」ぐらいのことを書いておこう。細かいことは後から決めればいい。

とにかくここでは、「自分の望みは、どんなことでも実現できる」と無条件で信じてもらいたい。子どもの頃、クリスマスイブにサンタクロースがほしいものを何でもプレゼントしてくれると信じていたようにだ。

今だけは子どもに戻って、「人生で不可能なことはない」と、自由に発想すること。

①「自己実現」に関する目標

1「成長目標」と「改善目標」をすべて書き出す

人間的成長に関連することで、あなたが改善したいと思っていることをすべて書き出す。

身体面で変えたいと思っていることは何か。精神的なことや、人とのつき合い方についてはどうだろう。外国語を勉強したい、速読ができるようになりたいとは思わないか。シェークスピアの全作品を読破するのもいい。

感情面ではどうだろう。挫折しても、人に拒絶されても、いつまでもくよくよしない人間になりたいとか、腹立たしいと感じた相手にも、もっと優しくしたいとは思わないだろうか。

スピリチュアルな側面も考えてみよう。神との結びつきをもっと深めたい、他人に対してもっと思いやりのある態度で接したいと思っているのではないか。

こうした目標を書く時に大切なのは、**理性に邪魔されないように、想像力を自由に解き放つこと**だ。今週、あるいは今年中に実現したい短期的な目標でもかまわないし、今日から二十年かけて実現したい長期的な目標でもかまわない。少なくとも五分間は思いつくままに、手を休めず書き続けよう。

馬鹿馬鹿しいことでも、変なことでも、幼稚なことでもいい。奇抜なアイデアがすばらしい結果につながることも少なくない。

始める前に、次の質問に目を通しておくといい。読み終わったら、すぐに目標を立てよう。

◆何を学びたいか

ex.一生かけて身につけたい技術は何か、どういう人間になりたいか

◆健康のために何ができるか

ex.スポーツクラブに入る、ホノルル・トライアスロンで完走する

◆恐怖症を治したいか

ex.人前で話すことへの恐怖を克服する、水泳恐怖症を克服する

◆何にチャレンジしたいか
ex.フランス語を話せるようになる、死海文書を研究する、バイオリンを習う

2「どれだけ時間をかけるか」を決める

自己実現の目標リストができあがったら、その一つひとつを実現するために、どれだけ時間をかけるかを決める（一つの目標につき、一分間ほどの時間をかけて考えること）。

その時、目標達成の方法は重要ではない。ただ、いつまでに達成するかという期限を決めるだけでいい。

目標とは、「締め切りのある夢」である。「期限」を設定するだけで、意識するしないにかかわらず、目標が現実味を帯びてくる。もし一年以内に実現させたいと思うなら、その項目の横に「1」と書き込む。二年なら「2」、五年なら「5」という具合である。

3「最も重要な目標」を一つ選ぶ

一年以内に実現させたい自己実現に関する目標のうち、最も重要なものを一つ選ぶ。もし一年以内に実現できれば、自分で自分を誉めたくなるような、あるいは「投資したかいがあっ

た」と感じられるような目標を選ぶこと。

なぜ、この目標を一年以内に実現させるのが、それほど重要なのか。その理由を、二分間で書く。

その理由の中に、最後までやり抜くだけの根拠になるものがあるか。もしなければ、もっとましな目標を立てるか、もっとましな理由を考えること。

目標があるだけでも、やる気が起きるが、「なぜ、その目標を立てたか」という本当の理由がわかると、最後まで頑張り抜くだけの動機づけと原動力が生まれるのである。

②「キャリア・仕事・経済状態」に関する目標

1 百万ドルクラスの〝望み〟を書き出す

キャリア・仕事・経済状態についてのあなたの望みを書く。

どの程度の経済的余裕を持ちたいと考えているか。

どの程度まで出世したいか。

百万ドルクラスの目標のリストを五分間でつくろう。

◆年収はいくらぐらいほしいか
ex.二千万円、いくらでも

◆自分の会社をどうしたいか
ex.会社を上場する、業界最大手の会社にする

◆資産はどれぐらいあればいいか
ex.投資収益で生活する、一年後にセミリタイアする

◆資産管理上の目標は何か
ex.赤字を出さない、不渡り小切手を出さない

◆ どういう投資をしたいか

ex.面白そうな新規事業に資金を提供する、投資信託に投資する

◆ 仕事上の目標は何か

ex.自分の専門領域で評価を得る、昇進する

2「実現の時期」を決める

さて、キャリア・仕事・経済状態に関する抗《あらが》いがたい目標を書き終わったら、先ほどと同じように、一分以内で実現の時期を決める。一年以内の予定なら「1」、五年以内なら「5」と書く。

実現するための方法は、わからないままでいい。実現の時期が現実的か、本当にそれだけの期間で実現させる確信があるかといったことは、ここでは重要ではない。

3「最も重要な目標」を一つ選ぶ

次に、キャリア・仕事・経済状態についての目標のうち、一年以内に実現させたいものの中から、最も重要なものを一つ選び、なぜ一年以内に実現させるのがそれほど重要なのかを、二分以内に書く。理由は多ければ多いほどいい。何があなたの背中を押してくれるか。目標の実現に向けて情熱をかき立てられるような理由がいい。

この場合も、最後までやり抜くだけの理由が見つからなければ、もっとましな目標を立てるか、もっとましな理由を考えなければならない。

③「遊び・冒険」に関する目標

もしいくらでもお金があるとしたら、何をしたいか。魔法のランプの精が目の前に現われて願いをかなえてくれるとしたら、真っ先に頼みたいことは何か。この世で一番手に入れたいものは何か。

1「生きている間にやりたいこと・ほしいもの」を書き出す

五分間で、あなたが生きている間に手に入れたいもの、経験したいことをすべて書き出す。

◆

買いたいもの、つくりたいものは何か

ex.別荘、ヨット、シャネルの服

◆

見に行きたいのは何か

ex.ブロードウェイの演劇の初日公演、カンヌ映画祭

◆

やってみたいことは何か

ex.ペルーの海でピンク色のイルカと一緒に泳ぐ、ヒマラヤをシェルパと一緒にトレッキングする

◆

行ってみたい異国の地は?

ex.コートダジュールでのんびりする、ギリシアの島々をヨットで回る

2・3「実現の時期」を決め、「最も重要な目標」を一つ選ぶ

同じように、「実現の時期」を決め、このカテゴリーで一年以内に実現させたいものの中から、最も重要なものを一つ選び、なぜ一年以内に実現させるのがそれほど重要なのかを、二分以内に書く。

なぜそうしたいのかという理由も、はっきりしていなければならない。

もちろん、最後までやり抜くだけの理由が見つからなければ、もっとましな目標を立てるか、もっとましな理由を考えよう。

④「社会への貢献」に関する目標

このカテゴリーが最も切実で、やる気の起こる目標になるだろう。なぜなら、これこそが、あなたの足跡として、人々の人生に真の影響を与えるからだ。

簡単なものなら、教会や慈善団体に収入の十分の一を寄付するとか、ボランティア活動への参加などがある。大規模なものなら、身体の不自由な人たちの社会参加の機会を増やす財団をつくることなどが考えられる。

1「自分は社会に何ができるか」を考える

五分間のブレイン・ストーミングで、あらゆる可能性を検討してほしい。

◆どのような貢献ができるか
ex.炊き出しのボランティアをする、目の不自由な人のために朗読をする

◆世界のために何ができるか
ex.オゾン層の破壊を食い止める、熱帯雨林の破壊を食い止める

◆何がつくり出せるか
ex.永久運動機関を発明する、世界中の飢えた人々に食べ物を配給する仕組みをつくる

2・3「実現の時期」を決め、「最も重要な目標」を一つ選ぶ

同じように、実現の時期を決め、一年以内に実現させたいものの中から、最も重要なものを一つ選び、なぜ一年以内に実現させるのがそれほど重要なのかを、二分以内に書く。

さて、これであなたを奮起させる四つの目標が出そろった。しかも、どれをとってもしっかりした、有無を言わせぬ根拠のあるものばかりだ。もし仮に、この四つの目標をすべて一年以内に達成することができたとしたら、自分に対する見方が変わるだろう。

この四つの目標を実現することの重要性は、いくら強調してもしすぎることはない。十分な根拠さえあれば、目標を達成するのに必要な手段は、自ずと見えてくるはずだ。

毎日、必ずこの四つの目標に目を通すこと。手帳や会社のデスクの上、あるいは髭を剃ったり、メイクをしながらでも見られる洗面所の鏡のところなど、いつでも目に入るところに目標を書いた紙を貼っておくのだ。

目標に向かって努力と改善を積み重ねていけば、必ず日々、前進することができるだろう。

今ここで、**「最後まで頑張り抜くこと」**を決断してほしい。

「成長」に勝る高揚感・充実感はない

私たちは目標達成に向かって進む過程で、自分ではそうと気づかないうちに副次的な恩恵を周りにプレゼントしていることがある。

考えてもみてほしい。ミツバチは、甘い蜜を求めて花から花へ飛び回るが、それと同時に足についた花粉を運び、受粉させている。結果的には、それが色とりどりの花に彩られた丘をつくり上げる。

実業家は利益を追求し、その過程で雇用機会を創出し、多くの人々に自己実現と生活の質を向上させるチャンスを与えることになる。

また、生活の糧を得ることができれば、子どもを大学に進学させることもできる。やがて子どもたちは医者や弁護士、芸術家、実業家、科学者、そして人の子の親になるだろう。命の鎖は、途絶えることなく続いていく。

目標は、人生の最終目的ではなく、結果を得るための一つの手段である。一定の方向に神経を集中し、前進するためのツールにすぎないのだ。

人間が目標を達成しようとするのは、自分自身の成長を求めているからだ。目標を達成してうれしいという気持ちは当然あるが、本当に大切なのは自分がどのような成長を遂げたかだ。目標達成のためにどのような障害を克服したかが、忘れられない充実感、高揚感を与えてくれる。

「自分の希望をすべて実現するには、どのような人間にならなければならないのか」

これが今、私たちが自分に問いかけるべき質問だ。

これ以上重要な質問は、他にない。なぜなら、その答えによって、自分の進むべき方向が決定づけられるからだ。

ここで、先ほど書いた目標を残らず達成するために身につけるべき性格的特徴、スキル、能力、姿勢、信念について考えてほしい。

もちろん目標達成のためには行動が不可欠だが、「夢」を「現実」に変えるために必要な、**「人としての資質」**とは何だろうか。

読み進む前に、自分の考えを書きとめておこう。

行動を起こすと「やる気」に〝弾み〟がつく

私にも、目標を立てるだけで、実行しない時代が長い間あった。最初はやる気満々なのだが、三週間もすると、自分で書いたことは何一つ実現できていないことに気づくのである。

確実に目標を達成するために一番重要なことは、**目標を設定したら、すぐさま自分に〝弾み〟をつける**ことである。

私がいつも念頭においている最も大切なルールは、ある非常に大きな成功を収めている人物から教わった。それは、まず目標を紙に書き、次に、目標達成に向けて何らかの行動を起こすまでは、目標を設定した場所から動いてはいけないというものだ。

2章でも述べたように、**真の決断とは行動を伴うもの**である。

一年以内に実現させたい四つの目標を決めた時、あなたの中に「早くやりたい」という気持ちが湧き上がったはずだ。その気持ちをさらに高めるには、この章を読み終えたら、すぐに行動を起こすことだ。

どんなに小さな一歩でも——電話を一本かける、実行計画の概略を決める——前進には変わりない。そして、簡単なことでかまわないから、これから十日間、毎日やれることのリストをつくること。

もし、自己実現のための一番の目標が、ジャズダンスを習うことなら、今日、いろいろな情報源からダンススタジオを探し、クラスの申し込みをしよう。

遊び・冒険のための一番の目標が、メルセデス・ベンツを手に入れることなら、今日の午後には近くのディーラーに電話をして、パンフレットを取り寄せるか、実際に店に行って、試乗をさせてもらおう。

経済状態に関する一番の目標が年収十万ドルだとすれば、何をするべきか、今から考え始めること。実際に十万ドル稼いでいる人に、秘訣を教わるか。それとも、副業を持つべきか。磨きをかけるべきスキルは何か。出費を抑え、投資に回し、不労所得を得るべきか。新しい事業を始める必要があるか。どのような資質が必要とされるのか。

一日に少なくとも一度は、四つのカテゴリーの最優先目標を実際に達成した時の気分を感じてみること。半年後にリストを見直し、目標が重要性を失っていないかどうか確認する。

この時、もう一度ブレイン・ストーミングをして、新しい目標を立ててもいい。人生にすばらしい変化が起こるにつれ、目標をつけ加えたり、削ったりする必要が必ず生じるはずだ。

人生とは「終わりのない冒険」を続けること

もう一つ、長期的な成功に欠かせないポイントは、**目標を達成する前に、さらにレベルの高い次の目標を設定しておく**ことだ。

目標達成が目前に迫ってきたら、すぐに次の目標を立てなければならない。さもないと、自分が夢を追い越してしまって、目標を見失うことになる。

人生の目標を実現させた人が、「たったこれだけ？　もう終わり？」と言うのを何度も耳にしたことがある。彼らは「そこからさらに進むべき場所」を失ってしまったのだ。

心から望んでいたことが実現した後も、情熱と興奮を失わずにいるためには、長い時間をかけて追求してきた目標の達成が目前に迫った時点で、すぐに新しい、もっと心を浮き立たせる目標を設定しなければならない。そうすることで、停滞感を味わうことなく、さらなる成長を目指せるのだ。

しかし、安全圏の外に足を踏み出そうとせず、肉体的な死が訪れる以前に感情や精神はすでに死んでしまっている人も少なくない。

こうした〝人生の罠〟に落ちないためには、**「人のために生きる」ことこそ究極の目標にふさわしい**と知るべきである。自分以外の人間、あなたが深く心にかけている人々のために生きることこそ、生きがいをもたらしてくれる。

世の中には、自分の時間やエネルギー、資本、創造性、意欲のすべてを投げ打とうという人たちの活躍できる場所が必ずある。

実際、真剣に社会貢献に取り組むことほどすばらしい経験はないと知っている大成功者は少なくない。

夢を更新し続けること、絶えず自分を向上させていくこと。**永続的で、終わりのない改善こそが、あなたの魂の糧**となり、「幸福な人生」「すばらしい未来」をつくる鍵を握っている。

〝頑張る理由〟のある人はいつも輝いている

この章で最も大切な教訓は、**「成長し続けることが、すばらしい未来を約束する」**ということだ。それがなければ、人間は半分死んでいるようなものだ。

アメリカでは、定年退職から三年以内に死亡する人が驚くほど多い。これは、何らかの形で人の役に立つとか、何かをつくり出していくということをしなければ、生きる気力を失うということの証明でもある。

「頑張る理由」のある人は生きていける。お年寄りや重病患者は、祝日が終わるまで持ちこたえることが多いという研究結果もある。クリスマスや家族の面会日のように、楽しみに待っているものがあると生きる気力が湧いてくるが、それが終わってしまうと、もう未来はないと思うからなのだろう。


年齢に関係なく、人間は**「生きていくための原動力」**が必要だ。あなたに必要なひらめきはあなたの中にあって、今や遅しと出番を待っている。

あなた自身が持っているパワーを活用しよう。ここまでくれば、どうやって自分を鼓舞すればいいか、わかっているはずだ。

行動を起こすのは「今」しかない。

11

「奇跡の十日間」メンタル・チャレンジ

——「壁」を打ち破り、成長の旅を探求するために

Awaken the Giant Within

思考、感情、行動の〝古いパターン〟を打ち破る法

「一貫性」こそ、私たちが求めているものだ。時々、思い出したようによい結果が出たというのではなく、常に一定レベル以上の成果を出したいものだ。「今だけ幸せ」ではなく、「いつも楽しく」暮らしたい。「たまにいい時もある」というのでは、だめなのである。

勝ち組になるには、一貫性が欠かせない。そして**一貫性は習慣によって身につけられる。**

私がこの本を書いた目的は、あなたを鼓舞し、有益な情報を伝えて、たまに「人間的成長」が見られればいいという程度のものではない。この本は（そして私の全人生も）、**人生の質を目に見えて向上させることを**目的としている。

そのためには、これまでとはまったく違う行動パターンが必要になる。戦略やスキルは、使えば使うほど、その価値が高まる。何度も繰り返すが、何をすればいいかわかっているだけで

は意味がない。それを「実行」しなければならないのだ。

本章の目的は、**卓越した人生を生きるための習慣**を身につけることである。

自分を〝リニューアルし続けられる人〟は強い

しかし、人生の質を一段高めたいなら肝に銘じておくべきことがある。それは今までの「人生観」を引きずっていたのでは、到底、一貫して成長し続けることはかなわないということだ。

個人でも企業でも最大の問題は、「変化」を受け入れられないことにある。そういう場合に必ず耳にするのが、「現在の成功を手に入れられたのは、今までのやり方が功を奏したからだ」という言い訳である。

それはまったくその通りで、だからこそ、さらに一段上の成功を手にするには、新しい考え方が必要になるのである。

そのためには、徹底的に「恐怖」という壁を打ち破り、精神を「さらなる成長を目指すこと」に存分に集中させなければならない。その時に直面している問題に振り回されてしまうのではなく、解決策の探求と、そのプロセスを楽しむことに全神経を集中させる習慣を身につけるのだ。

本書を通じて、読者はより豊かで、喜びにあふれ、刺激的で、充実した人生を実現するための効果的なツールと戦略を学んできた。だが、本を読んで学んだことを活用しなければ、高性能コンピュータを箱にしまったままにしておいたり、せっかく買ったフェラーリを家の前に停めたまま、埃まみれにしておくようなものである。

そこで、**あなたの思考、感情、行動の古いパターンを打ち破る簡単な方法**を紹介しておこう。

〝問題が山積〟している時こそ前向きに考える

もう何年も前のことになるが、私は挫折と怒りのパターンから抜け出せなくなったことがあった。どこを見ても問題ばかりのような気がした。

その時は、**「前向きに考える姿勢」が解決策として重要**だとは思いもしなかった。何といっても私は「教養のある」人間で、そういう人間は望みのないことに前向きに取り組んだりしないものだと思っていた。

私のこの考え方に賛同してくれる人は、周りにいくらでもいた（彼らも同じように「人生に失敗した」と感じていた）。

実際には、当時の私はおそろしく消極的で、何を見ても実際より悪く見えてしまっていた。

「自分は悲観的な性格なんだ」というのを言い訳にして、失敗の苦痛から何とか自分の身を守ろうとしていた。また、失望を味わうのは金輪際ごめんだった。

ところが、こういう態度でいると、苦痛も感じない代わりに、喜びも感じないのである。解決策は見えてこないし、感情が死んでしまうために、深い悲しみにくれることも、飛び上がるような喜びを感じることもない。それに「自分は現実的なだけだ」と言って、行動を起こさないことを正当化する。

〝心の庭〟に雑草をはびこらせない

要するに、**人生とはバランス**である。心の庭に雑草がはびこっているのを見て見ないふりをするような人は、妄想に身を滅ぼされる。また、庭がいつ雑草に覆いつくされるかと戦々恐々としている人も、同じように身を滅ぼすだろう。

心の中に生えてくるネガティブな感情や妄想といった「雑草」を恐れる必要はない。雑草もまた、私たちの人生の一部である。雑草を見かけたら、人生に悪影響を及ぼさないよう、ただちに取り除けばいいだけのことだ。

雑草を**「人生の一部」**として受け止めつつ、黙々と抜いていくしかない。そして草むしりをしている間は、それを楽しむことが望ましい。さもないと、死ぬまでずっと腹を立てていなければならない。なぜなら、「雑草」が今後もどんどん生えてくることは、疑いのない事実だからだ。

何か問題が起こるたびに、あたふたと対応に追われるような人生を送りたくないなら、そうした問題も人生の重要な一面であることを忘れてはならない。問題が起きるおかげで、人生という庭を青々とした豊かな庭に保つために気を配ることができるのだ。

心の畑の草むしりをする時も、感心しないネガティブなパターンに気づいたら——それに翻弄されるでもなく、くよくよ悩むでもなく——できるだけ早いうちにそれを打ち破り、新たな精神的、感情的、肉体的、経済的、霊的、職業的成功の種と入れ替えるのだ。

〝奇跡の十日間〟で自分の脳をつくり変える

今こそ、前章までに身につけた新しい知識を実際に応用するチャンスである。皆さんに挑戦してほしい課題は次の通りだ。

今日から十日間、今この瞬間から、すべての精神的、感情的機能を自分の手でコントロールする。そのために、能力の発揮を妨げるような考えや感情に決してとらわれないと心に誓うこと。

いかにも簡単そうに聞こえるし、事実、難しいことではないと思う。しかし、いざ始めてみると、自分の脳がしばしば生産性が低く、臆病で、心配ばかりしていることに驚かされるに違いない。

なぜ人間は、不要なストレスをつくり出す精神的な悪循環に陥ってばかりいるのか。その答えは簡単だ。それが自分にとって有益だと思っているからだ。多くの人は心配ばかりしているし、わざわざ最悪のシナリオを想定して喜んでいる。

なぜ、そんなことをするのかと言えば、それが行動を起こすきっかけになると思っているからだ。

〝非生産的な感情〟に耽溺しない

しかし実際には、**心配や不安は、極めて非生産的な感情**である。「行動を起こす力」になるよりも、挫折や恐怖心で身動きがとれなくなることのほうが多いからである。

ところが、本書にある簡単なツールをいくつか使えば、解決策に精神を集中させ、不安な精神状態を瞬時に変えられる。

また、「もっとうまくやるためには、何をすべきか」と、適切な問いを自分に投げかけられる。あるいは、「心配だ」ではなく、「少し気になる」と、自分の感情を表現する言葉を変えて、心の状態を変化させることもできる。

要するに、私が出した十日間の課題――「**十日間メンタル・チャレンジ**」に挑戦するには、たとえ何が起きようとも、**前向きな心の状態を維持**すべく、全身全霊で取り組まねばならない。

言い換えれば、能力を発揮できない心の状態に陥っている自分に気づいた時には、即座に生理状態を変え、やる気の出る状態に精神を集中させるのだ。

たとえば、誰かに毒のある、悪意に満ちた言葉を投げつけられ、腹が立ってきた時も、この課題に取り組んでいる十日間は、そうした状況には目をつぶり、その場で感情の状態を変えていくこと。

もちろん、心の状態を変える方法はいろいろある。やる気の出る問いかけをするのも、その一つだ。

たとえば、

「このことから何を学ぶべきか」

「この状況の長所は何か。まだ改良の余地はあるか」

などである。欲求不満の悪循環に陥ることなく、解決策を見出せるだろう。

真剣に現状を変えようと思えば、こうした問いかけの他にも、さまざまな方法がある。

感情の「嵐」に負けず〝集中力〟を維持するには

ここで確認しておくが、私たちが目指しているのは、人生で遭遇するさまざまな問題を無視して通り過ぎることではなく、問題解決にふさわしい精神状態を自らつくり上げることである。自分の手の及ばないところにだけ注目していると、力を発揮することができない。

私の知っているすべての偉大な成功者に共通しているのは、感情の「嵐」が吹き荒れている最中《さなか》でも集中力を失わず、頭脳明晰で、有能な点である。

それには、基本的なルールがある。

問題についてくよくよするのは人生の一〇パーセントまでで、少なくとも九〇パーセントは問題解決に費やすことである。

「十日間メンタル・チャレンジ」を始める決心がついたら、すべての時間を問題解決に使わねばならない。一秒たりとも「問題そのもの」のことで頭を悩ませてはいけない。

十日間、問題解決に集中するとは、自分の人生の長所、有効手段、自分がいかに幸運かを考えることを意味する。それは「問題をほったらかしにする」こととは違うし、もちろん問題を深刻化させることでもない。

それどころか、こうした新しいパターンによって能力が高まり、「精力的で楽しい人」という新しいアイデンティティを身にまとったあなたにとって、かつての問題は、「もはや問題ではなくなる」こともある。

〝怪物〟は小さなうちに捕まえる

さて、「十日間メンタル・チャレンジ」のポイントは、**十日間連続して否定的な考え方にとらわれないこと**にある。もし否定的な考えが浮かんでしまったら、チャレンジを始めてから何日経過していようが、一日目からやり直さなければならない。

「否定的な面に〝とらわれる〟とは、どれぐらいの時間のことか」という疑問が出てくるかもしれない。私に言わせれば、一分間心を奪われれば、それでとらわれたことになる。自分が否定的な考え方をしていることに気づき、気分を変えるのに必要な時間は、一分もあれば十分だからである。

私たちが目指しているのは、**怪物が小さなうちに捕まえる**ことだ。二十～四十秒もあれば、自分が否定的な気分になっているのに気がつくだろう。

とはいうものの、私があなたなら、そのことに気がついて、心の状態を変え始めるまでに、最長二分までは許容範囲として認めるだろう。二分あれば、自分が否定的な状態になっていることを確実に意識できる。そこでパターンを打ち破ろう。

もしも五分以上、否定的な気分が続いてしまったら、「十日間メンタル・チャレンジ」を始めた意味がない。そうならないためにも、なるべく速やかに感情の風通しをよくしてやろう。そもそも、このチャレンジの目的は、否定的な状態になる前に、現状を打破することなのだ。

私が初めて挑戦した時は、三日目に腹が立ってしょうがないことがあって、ふと気がつくと五分以上、怒りの感情に身を任せていたため、最初からやり直しということになった。

二回目の時は、六日目で大きな壁にぶつかったが、なんとか切り抜けた。ここでやり直しはごめんこうむりたかったので、その場で問題解決に精神を集中させた。

「十日間メンタル・チャレンジ」の利点は、心のダイエットを続けられるだけではなく、たとえ問題が起こっても、常に前向きでいられ、**持てる力の大半を問題解決に注げるようになる**ことだ。
皆さんも気づいていると思うが、私は「問題」とは言わずに、「挑戦」とか、「課題」という言い方をすることが多い。そして、私は問題にいつまでも頭を悩ませることはせず、すぐに**「課題」を「チャンス」に変えることに意識を集中する**ようにしている。

ここで一つ忠告しておく。この「十日間メンタル・チャレンジ」は、ずっとそのことだけを考えるという覚悟ができるまでは始めてはいけない。やる気の出る感情パターンを植えつけたいと真剣に考えている人のためにつくられた課題なのだ。意志薄弱な人には不向きなチャレンジである。

「十日間メンタル・チャレンジ」にトライする決心はついただろうか。始める前によく考えること。もし始める決心がついたなら、これからの十日間、今までに学んだことを活用し、毎日の生活の一部にしていく必要がある。

この十日間が終われば、NAC（神経連想コンディショニング）を自在に操れるようになるだろうし、変身ボキャブラリーや、やる気の出るメタファーを使って、瞬時に焦点の当て方や生理機能を変化させられるようになる。

〝チャレンジした人〟だけが手にできる「すごい効果」

この「十日間メンタル・チャレンジ」は、決して容易なものではない。いつも後悔ばかりしている人は、なかなか後悔するのをやめられない。お金に困っている時に、そんなことは忘れろと言ったところで状況は変わらない。失敗を人のせいにする人、不安を隠すためにいつも不機嫌な顔をしている人、ことあるごとに、自分のルックスが悪いからとか、どうせ育ちが悪いからと言いつのる人――人間はなかなか変われないものだ。

しかし、あなたはもうすでに人生をよりよいものに変えるツールをいくつも手に入れたはずだ。このチャレンジは、それを試してみるよいチャンスなのだ。

この課題にはすごい効果がある。頑張ってやり通せば、次のような四つの効果が期待できる。

①自分の足を引っ張っている「習慣的な感情」に敏感になれる
②それに取って代わる「やる気の出る状態」を脳に覚えさせることができる
③人生をやり直せるとわかり、自信が湧いてくる
④新しい習慣、新しい基準、新しい希望が、かつてなかった自己成長をもたらしてくれる

成功は継続的なプロセスである。

ちょっとした訓練の積み重ねで勝ちグセを身につければ、もう不屈の意志や努力は必要ない。あなたを後押ししてくれる新しいパターンが身につけば、貨物列車がスピードを上げていく時のように、あなたの人生は勢いよく前進し始める。

「十日間メンタル・チャレンジ」をやり通せば、それ以後、あなたは前向きな考え方の「中毒」になって生きていくことになる。

そして忘れてはならないのは、この「十日間メンタル・チャレンジ」を実行するのは、ほかでもないあなた自身だということだ。

最後まで必ずやり通すために、もっと強い動機付けが必要だと感じる人は、身近にいる人に宣伝するか、パートナーと一緒にチャレンジするのもいいだろう。さらに日記をつけるのもいいアイデアだ。毎日の出来事を書きとめ、いろいろな問題をどう処理したか、記録するのだ。

後で見直してみると、得るところが大きいだろう。

私からの〝挑戦状〟をあなたはどう活用するか

以前、私が師と仰ぐ一人、ジム・ローンは、

「**中身の濃いもの、価値のあるもの、ためになるもの、新しい知識を与えてくれるものを毎日読むことは、食事よりも大切だ**」

と教えてくれた。

そのおかげで、私には毎日、最低でも三十分は本を読む習慣が身についている。彼は、「食べるのを忘れてもかまわないが、**読むことを忘れてはいけない**」とも言っていた。これは私にとって人生で最も価値のある教えの一つだ。

古いシステムを一掃しながら、読書で得た新しい知識で補強すること。深い洞察に富んだ内容の本はいくらでもある。

もし、この本から学ぶことがあったとすれば、それはあなた自身がこの本を読もうと決断したからこそ可能になったことだ。

今、あなたはこの旅の重要な分岐点にさしかかっている。今こそ、これまでに学んだ基本的な戦略や知識を使って、力強く、前向きに人生を形づくっていく時だ。

ここであなたに問いたい。あなたには、本書の**「戦略・知識」を使う覚悟**はあるだろうか。

この本から得たものを最大限に活用するか否かは、あなたしだいである。かつて夢にまで見た「質の高い人生」の実現に邁進するなら、一刻も早く本書で学んだことを実行に移すべきである。

この本は、あなたに対する挑戦状でもある。

自分の中から、他の誰も想像しなかった何かを引き出し、その恵みを収穫する絶好のチャンスがやって来たのだ。今こそ学んだことを実践し、人生の改善に積極的に取り組むかどうかを決断する時である。それこそがあなたの望みだったはずだ。

「自分にもできる」という確証がほしいなら、本書がそれを証明してくれるものと私は信じている。

□訳者あとがき

今、あなたに「人生を変える瞬間」が訪れる！

本田　健

本書を読み終えて、いかがでしたか？

誰にでも、人生を変える「気づきの瞬間」というのがありますが、それはいつやって来るかわかりません。誰かと出会ったり、本を読んだり、映画を見たりした時、その瞬間は訪れます。

そして、その種の気づきは、どんな人にでもありますが、行動にまで移せる人は、ごく限られています。それは、体系立った行動をとれないからで、思いつきだけで動いても、大きな夢を実現することはできません。

自分の中の天才性を引き出し、夢を実現するための一歩を踏み出すパートナーとして本書を役立てていただければ、訳者としてこれほどうれしいことはありません。

なお、原書はパート1、パート2、パート3で成り立っており、本書は、パート1（Unleash Your Power）部分を抄訳したものであることを申し加えます（パート2、パート3部分については、別途翻訳刊行を予定しています）。

最後になりましたが、翻訳にあたっては、山田仁子さんの協力を得ました。また、ロビンズの通訳を務めるだけでなく、彼の理論を生かしたセミナーや講演で活躍されているクリス岡崎さん、河本隆行さん、井口晃さんには、訳語が適正かどうかアドバイスをいただきました。

この本に関係してくれたすべての人たちの、本書を最高のものに仕上げようとする情熱と誠意に、感謝いたします。

本書は、小社より刊行した単行本『一瞬で「自分の夢」を実現する法』を再編集の上、改題したものです。

アンソニー・ロビンズの運命《うんめい》を動《うご》かす

著　者――アンソニー・ロビンズ
訳・解説者――本田　健（ほんだ・けん）
発行者――押鐘太陽
発行所――株式会社三笠書房
〒102-0072 東京都千代田区飯田橋3-3-1
電話：(03)5226-5734（営業部）
：(03)5226-5731（編集部）
http://www.mikasashobo.co.jp
印　刷――誠宏印刷
製　本――若林製本工場
ISBN978-4-8379-5748-5 C0030